L m δυδ.

PRÉCIS

DE L'HISTOIRE DE LA MAISON

DE

RUSTICHELLI-VALORI.

TYPOGRAPHIE DE FIRMIN DIDOT FRÈRES, RUE JACOB, 56.

MÉMOIRES RELATIFS A L'HISTOIRE DE FRANCE ET D'ITALIE.

PRÉCIS

DE L'HISTOIRE DE LA MAISON

DE

RUSTICHELLI-VALORI,

PAR M. L'ABBÉ ANDRÉ,

Correspondant du Ministère pour les travaux historiques.

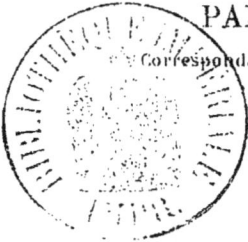

Rustichella domus nunc est Valoria proles
Nobilis, et stirpem Fesulis deduxit ab altis.
VERRINO VERRINI. 14ᵉ siècle.

PREMIÈRE ÉDITION.

PARIS,

TYPOGRAPHIE DE FIRMIN DIDOT FRÈRES,

IMPRIMEURS DE L'INSTITUT DE FRANCE,

RUE JACOB, 56.

1855

AVANT-PROPOS.

Nous n'avons pas eu la prétention d'écrire en quelques pages l'histoire d'une antique famille; nous avons voulu rassembler dans une courte notice les faits les plus saillants, les noms les plus illustres de son passé. Notre but a été aussi d'éclaircir quelques passages peu connus de ses annales; car si tout le monde sait ce que c'était que François de Valori, surnommé le Grand, doge de Florence, on connaît moins le nom de Rustichelli, qui est cependant le nom primitif de cette grande race de patriciens qui a étroitement uni son souvenir à celui de la république de Florence.

Nous avons vu nous-même en Italie les monuments qui éveillent leur mémoire; nous avons compulsé les historiens, les chartes publiques, les mémoires domestiques; et rien n'a été laissé par nous sujet aux conjectures et aux probabilités, afin que, sur cette vieille

1

terre des Sabran, des d'Agoult et des Porce-
lets, où aujourd'hui les enfants rougissent du
nom de leurs pères, où les noms et les titres
sont usurpés à l'envi, cet ouvrage ne soit pas
considéré comme un panégyrique inexact,
mais comme le résumé d'un travail vrai, long
et consciencieux.

PRÉCIS

DE L'HISTOIRE DE LA MAISON

DE

RUSTICHELLI-VALORI.

TRADITION.

La maison de Rustichelli, suivant la tradition des siècles, a pour auteur Caïus Fabius Rustichellus, consul et contemporain de Cicéron; c'est ce que Lucca della Robia, dans sa *Vie de Bartolomeo Valori*, Silvano Razzi, dans sa *Vie de Francesco Valori*, et Ildefonso di San-Luigi, dans son *Histoire de la maison de Rustichelli*, s'efforcent à prouver. Si l'on en croit le témoignage des historiens dont je viens de parler, ce serait sous l'empereur Adrien que les descendants de Caïus seraient venus en Étrurie, et que ces patriarches de la Toscane se seraient établis dans le territoire de Fiesole (1), cet

(1) Remotissimis temporibus a vetustissima urbe Fesularum

antique berceau de Florence. « On ne me croira pas, écrivait le carme Ildefonso à Lorenzo Rustichelli, lorsque je raconterai les choses merveilleuses de l'histoire de votre famille ; mais je dois ce respect à mes longs travaux, de ne rien dissimuler de tout ce que l'étude a pu me révéler. »

Quoi qu'il en soit de cette origine, qu'elle soit fabuleuse ou non, plusieurs personnages du nom de Rustichellus (1), vivant tous dans le territoire de Fiesole, et en affectant la souveraineté sous les noms divers de proconsuls, de seigneurs et de princes, ont existé dans des temps assez rapprochés les uns des autres pour que l'on ait pu en déduire (2) une filiation presque rigoureuse jusqu'en l'an de grâce 978.

ORIGINE.

Ce qui est constant et indubitable, c'est que dans les temps les plus reculés elle a tiré son origine de

originem traxit. (Lettres de reconnaissance, Dufour, notaire, place de la Bourse, Paris.)

(1) On trouve J. Rustichellus, proconsul d'Étrurie l'an 220 ; Hercule Rustichellus, chevalier de l'Éperon d'or d'Attila, qui lui donna une de ses filles en mariage ; et un autre Rustichellus qui, en 600 environ, s'empara du territoire de Fiesole par la force ; sa famille en garda la souveraineté jusqu'au XIe siècle. — Ildefonso de San-Luigi, *Histoire de la maison de Rustichelli*, tome XVI. (Preuves de l'histoire de Florence, bibl. Richelieu.)

(2) Toutes les preuves indiquées dans cet ouvrage se trouvent à la bibliothèque Richelieu ; nous les avons choisies telles, afin de faciliter la justification des pièces.

Fiesole, et qu'elle y exerçait la souveraineté. Il est également certain qu'elle possédait plusieurs villes en Toscane, entre autres les villes d'Irta, de Monte-Murlo, de Monte-Pulciano, de Monterapoli, de Pise et d'Urbin; c'est ce qui est prouvé par les protocoles des notaires du temps, par les chartes publiques existant à la commune de Florence, enfin par plusieurs diplômes des empereurs d'Allemagne.

Depuis l'année 978 jusqu'à l'année 1342, époque à laquelle la tige de leur famille se réfugia à Venise (1) dans la personne de Giovanni Rustichelli, prieur de la liberté et grand gonfalonier de la république, les Rustichelli figurent dans presque tous les actes de la république. On les trouve dans un diplôme impérial de l'an 1038, et dans l'acte d'association pour la sûreté de la Toscane en 1196 (2). Nous citons ces deux dates, parce que les auteurs italiens y attachent une grande importance.

DIFFÉRENTS RAMEAUX.

Suivant l'usage établi à Florence, la maison Rustichelli se divisa en plusieurs branches. Corbinelli,

(1) Giovanni Rusteghello, nobile fiorentino, dopo di aver resistito all' usurpatore duca di Atene, fuggì nel 1342 per sottrarsi alle di lui crudeltà, e si accasò in Piove in questo sobborgo con tutta la sua famiglia. Del castello di Piove di sacco del signor Giuseppe Candeo; Padova, 1833.

(2) Corbinelli, *Hist. de la maison de Gondi*, tom. I.

dans son *Histoire généalogique de la maison de Gondi,* et Scipione Ammirato, nous font voir par plusieurs exemples que cette coutume était générale, et que les différentes branches sorties d'une même famille y changeaient de nom et d'armes pour se distinguer les unes des autres ; mais l'autorité qui vient confirmer l'opinion à cet égard est celle de Vincenzio Borghini, prieur des arts et homme d'un immense savoir. Il nous apprend que les Alessandri provenaient des Albizzi, les Gondi des Philippi, etc. Les Rustichelli prirent donc les différents surnoms de Rustichelli proprement dits, de Rustichelli-Valori, Guidi, Guidotti, Guidalotti, Torrigiani, Raffacani, Migliore, Giudice Tancredi et Monte-Feltro d'Urbin.

Sous ces différents noms la maison de Rustichelli figure vingt et une fois parmi les gonfaloniers ou ducs souverains de Florence (1), près de deux cents fois sur la liste des prieurs ou chefs de bande. « La dignité de prieur fut d'abord la première, ensuite la seconde de l'État. » Elle compte parmi ses ancêtres deux papes, des souverains du Fiesole, des comtes palatins de Toscane par la grâce de Dieu, qualifiés de princes par les patentes des empereurs d'Alle-

---

(1) Nous ne parlerons dans cette notice que des Rustichelli proprement dits et des Guidi, parce que leurs noms seuls peuvent nous servir à établir d'une manière imprescriptible les titres et les droits nobiliaires des Rustichelli-Valori.

magne; des ducs d'Urbin, des podestats (1), un exarque de Ravenne pour le pape, un vice-roi de Calabre, des lieutenants généraux au service des rois de France, cinq cardinaux, des évêques et des archevêques au xiie siècle, un saint et une bienheureuse.

De la dignité de gonfalonier.

La charge de gonfalonier, qui était la souveraine magistrature de la république de Florence, dura d'abord huit ans, puis cinq ans, et enfin un an. Elle n'était en rien inférieure à celle du doge de Venise; le gonfalonier de justice ou grand gonfalonier commandait aux douze gonfaloniers de société, aux prieurs des arts et aux seigneurs de la liberté. Le gonfalon de la république était déposé dans son palais, et lorsqu'il le faisait arborer, tout le peuple était obligé de le suivre. (Consultez Scipione Ammirato, Villani, Machiavel, et les autres historiens qui ont traité des origines de Florence.)

La maison de Rustichelli est celle qui a le plus

(1) Voilà ce que nous a laissé le marquis de Cambis-Velleron, au sujet de cette charge (Catalogue raisonné de ses manuscrits, pag. 730) : « Le podestat, chef de la république, prêtait serment de fidélité entre les mains de l'évêque. Son nom se mettait à la tête de tous les actes publics; il prenait le titre de podestat par la grâce de Dieu, etc.; il portait enfin tous les caractères du vrai souverain. On ne choisissait les podestats que parmi la plus haute noblesse. »

La maison Rustichelli a donné des podestats à Florence. L'empereur ne choisissait pour ses lieutenants, en Toscane, que des princes de son sang ou alliés à son sang.

donné de gonfaloniers à Florence avec celle des
Ridolfi. Les Aldobrandini et les Médicis ont été revêtus quinze fois de cette dignité ; les Albizzi, treize
fois ; les Salviati, les Ardinghelli et les Canigiani,
douze fois ; les Ricci, les Acciauoli, les Strozzi, les
Guadagni et les Baroncelli marchent immédiatement
après.

Rustichelli « tige. »

C'est en 1342, comme nous l'avons dit, que
Giovanni Rustichelli se retira à Venise avec toute
sa famille ; et Orlandi, son cousin, dont la postérité
subsiste encore à Trévise. Giovanni avait fait de
vains efforts pour s'opposer à la tyrannie de Gautier,
duc d'Athènes, qui avait usurpé le pouvoir. Pour
éviter le sort des autres membres de sa famille qui
étaient proscrits, il abandonna sa patrie et se réfugia dans le château de Piove, petite ville située dans
le voisinage de Venise ; il y établit sa postérité. Ses
descendants furent investis de la comté de Piove et
décorés des premières charges de la république (1).

(1) L'inféodation du comté de Piove en faveur de Lorenzo
Rustichelli est du 21 avril 1780 ; les lettres patentes sont signées
par Rainerius, alors doge de Venise, et elles accordent en outre
à Andræa, Antonio et Francesco Rustichelli, de s'appeler comtes
comme leur père ; il y est fait mention de l'origine souveraine de
leur famille. — Dufour, notaire ; Paris.
On trouve dans Brano, *Repertorio delle famiglie nobili esis-
tenti nelle provincie Venete*, Venezia, 1831, vol. II, page 228 :
« Questa famiglia anticamente denominata Rustichelli, la sua

La tige de la maison de Rustichelli s'est éteinte, il y
a quelques années seulement, dans la personne de
Lorenzo Rustichelli della Scala, héritier par sa
femme du titre de comte de Vérone.

Rustichelli-Guidi (1).

Les comtes Guidi ont joué le premier rôle aux xe et
xie siècles dans l'histoire de la république de Florence, à laquelle ils finirent par se soumettre. Ils
avaient tous les attributs de la souveraineté, bat-
taient monnaie, et envoyaient des ambassadeurs aux

origine dalla Toscana, confregio di anticha nobiltà, passò da
Fiesole *sua* a Firenze, dove al tempo che fioriva la republica
fiorentina ebbe gradi et onori distinti, contando varii priori della
republica, uno dei quali, di nome Giovanni, fu nel 1317 eletto
gonfaloniere di giustizia, dignità suprema di quella republica. »

(1) Voici une des pièces qui établissent la jonction des Rustichelli et des Guidi :

1253. Noms des conseillers et des anciens de la république
qui rétablirent la paix entre les habitants de Florence, de Lucques,
de Pistoie et de Prato. — Instrumentum in publico archivio
reformationum ; lib. XXIX, 348.

Parmi les différents personnages de la maison Rustichelli, on
trouve :

    Guidalottus Rustichelli ;
    Dominus marchese Rustichelli–Giudice ;
    Baci Rustichelli-Raffacani ;
    Guido Rustichelli-Orlandi ;
    Rustichelli-Guidi ;
    Guido Rustichelli-Giudice ;
    Raynerius Guidalotti-Rustichelli ;
    Johannes Rustichelli-Valori.

Fait remarquable ! huit membres de la même famille et de
branches différentes figurent dans le même acte !

autres princes d'Italie. Ils étaient, *par la grâce de Dieu,* comtes palatins de Toscane ; par la grâce des empereurs d'Allemagne, princes et vicaires généraux de l'Empire. Leur histoire est trop connue pour que nous nous étendions plus longuement sur eux ; nous allons citer cependant deux pièces qui établissent leurs titres.

1° *Anno* 1260. *Ind. die* 22 *novembris.*

Dominus comes Guidi Novellus potestas Florentiæ filius, quondam comitis Guidonis Novelli, *Dei gratia Tuscie palatinus.* Congregato generali consilio trecentorum ad sonum campane, et voce præconis, et consilio nonaginta, et etiam viginti quatuor in palatio communis Florentiæ in quo dominus potestas moratur, de consilio et consensu dictorum consiliorum, etc. *Preuves de l'Histoire de Florence,* tome IX, pages 19, 20. *Chronice Florentine,* bibliothèque Richelieu. L'original appartient à la maison Strozzi.

2° *Charte de l'empereur Frédéric II au comte Guidi,* 1220, *publiée par Lami, page* 70.

In nomine sanctæ et individuæ Trinitatis, Fredericus secundus, divina favente clementia Romanorum imperator, semper augustus, et rex Siciliæ gloriosus, etc.

Quod nos imitantes vestigia progenitorum nostrorum Frederici et Henrici quondam imperatorum divinæ memoriæ, dilectos, carissimos principes nostros viros illustres Guidonem, Tigrinum, Rogerium, Marchonaldum et Agbinulfum, filios quondam Guidi guerre, *Tusciæ comites palatinos,* pro illo magnifico et honorabili servitio, quod ipsi et progenitores eorum, progenitoribus nostris regibus et imperatoribus Romanorum fideliter exibuerunt, etc. *Preuves de l'Histoire de Florence,* tome III, pages 96, 97; *Chronice Florentine.*

RUSTICHELLI-VALORI.

Rustichella domus nunc est Valoria proles
Nobilis, et stirpem Fesulis deduxit ab altis.
Floruit et floret, nullisque agitata procellis
Quod nunquam aut raro nostra contigit in urbe.

VERRINO VERRINI, *de Nobilitate.*

Tous les auteurs italiens et français qui ont traité de la maison de Valori sont d'accord pour affirmer qu'elle descend en ligne directe des anciens Rustichelli. Scipione Ammirato, Lucca della Robia, le duc Pompeo Litta, Maria Manni, Borghini, Verrino Verrini, Ildefonso di San Luigi et Clérembault, généalogiste officiel de cette famille, le prouvent jusqu'à l'évidence.

Quant à l'origine du surnom de Valori, les uns veulent que les Rustichelli l'aient emprunté à la montagne et au col de Valori qui leur appartenait; les autres, et ce sont les mieux informés, assurent qu'ils

l'ont tiré de leur cri de guerre : *Gloria Valori* (1),
et que, par conséquent, c'est le nom de baptême de
la gloire et du sang.

Le premier qui soit connu dans l'histoire sous le
nom de Valori est Taldo Rustichelli, grand gonfalonier de Florence en 1349, qui eut deux fils. L'un,
Nicolla, continua sa postérité en Toscane, et l'autre, Gabriele, fut la tige de la branche française des
Valori.

Plusieurs auteurs, comprenant Gabriel dans la
proscription de son père (2) et de son cousin, ont
cru à tort qu'il s'était réfugié en Provence. Gabriel,
juge et syndic de la commune de Florence, fut un
des plus chauds partisans de Louis Ier d'Anjou, roi
de Naples. Il appuya de toute son autorité le traité
d'alliance que la république conclut avec ce prince,
et alla lui offrir son épée et celles de plusieurs
gentilshommes florentins qui l'accompagnèrent. Ses
fils Barthélemi et Gabriel vinrent en Provence avec
leurs nouveaux souverains, et y établirent leur postérité.

Voici deux actes solennels qui sont entre les mains

(1) Valori, en italien, signifie valeur et courage.
(2) En août 1348, furent condamnés à l'exil par Gauthier, duc
d'Athènes : Bernard Médicis, Guillaume Altoviti, Sandi Albizzi,
Philippe Magalotti, Jacques Alberti, Nardo Oricellai, Ardinghelli, Ricci, Ugo della Stufa, Corsini, Jean Valori-Rustichelli,
Taldo Valori, etc. — *Delizie degli eruditi toscani*, da Ildefonso
da San-Luigi, t. XIX, b. 24 et 25.

de M. le marquis de Valori d'Estilly, et dont les originaux se trouvent, l'un chez Autard, notaire, et l'autre chez Dufour, place de la Bourse, à Paris.

1° *Extrait du registre des Lys, feuille IV, 21, in-folio, conservé aux archives du roi en Provence, expéditionné et collationné par ordre de Henri IV.*

Yolande, par la grâce de Dieu reine de Jérusalem et de Sicile, duchesse d'Anjou, comtesse des comtés de Provence et de Forcalquier, etc., à tous ceux qui ces présentes verront, grâce et bonne volonté. Comme tous les rois et les souverains de la terre sont naturellement portés à considérer les vertus et les mérites de leurs plus fidèles sujets, et à reconnaître et à récompenser leurs services de leurs grâces, et surtout de leurs bienfaits ceux dont l'affection plus inviolable semble requérir des reconnaissances plus dignes : nous aussi, conservant dans notre mémoire et faisant quelques réflexions en nous-même, et dans le secret de notre cœur, sur la parfaite constance et ardente fidélité et affection que notre cher et bien-aimé Barthélemy Valori, gentilhomme des plus illustres de notre royaume et maître de notre hôtel, a toujours conservée et fait paraître au service de notre majesté ; étant bien informée que, porté du même zèle, il a généreusement quitté ses proches, ses amis, et Florence sa patrie, pour

notre service, et est toujours demeuré, avec beaucoup de soin et de constance, sous l'obéissance de
notre justice ; nous, en faveur et considération d'iceux
et des grands services que ledit Barthélemy Valori
nous a rendus par le passé, et le reconnaissant digne
d'une plus grande grâce, assistée de notre conseil,
après une mûre délibération, nous avons cédé, quitté
et transporté, donnons, cédons, quittons et trans-
portons audit Barthélemy Valori, les seigneuries et
châteaux de Marignane en Provence, etc.

Donné à notre château d'Angers, le second jour
de février l'an de Notre-Seigneur 1427, en comptant
suivant l'usage de France.

2° *Lettres de reconnaissance des juges d'armes de
Toscane, délivrées par ordre du grand-duc Léo-
pold Ier au marquis de Valori d'Estilly, le 12 février 1785.*

« Nos infrascripti, etc., hujus urbis Florentiæ in
Thuscia magni ducatus suæ regiæ Celsitudinis Pe-
tri Leopoldi primi, archiducis Austriæ, etc.; notum
facimus et publice testamur,

Quod familia, cujus cognomen de Valoribus,
Florentiæ suum domicilium constituit, *sed remotissimis temporibus* a vetustissima urbe Fesularum
in Etruria originem traxit sub cognomento de Rus-
tichellis, ex quibus nonnullæ aliæ familiæ prove-

nerunt, inter quas indubitum est, hanc de Valoribus commemorari, ut videre est in pluribus membranis et codicibus in Florentinis archivis existentibus.

Item, quod Scipio Admiratus, notissimus historicus florentinus, qui genealogiam hujus inclytæ familiæ inscribere aggressus, et arborem confecit tantum per lineam rectam a stipite, collaterales præteriit.

Item, quod familia hæc de Valoribus primos honores gradus Florentiæ, *iterum iterumque* occupavit, et prima munera sustinuit, vexilliferatus nempe, et prioratus, quorum munerum auxilio familiæ florentinæ ad patriciatum adscribuntur.

Item, quod tempore belli italici causa successionis ad regnum Neapolitanum excitati principes domus andegavensis ad illud adspirantes cum republica florentina fœdus inierunt, et hac de causa multi cives florentini illorum principum servitio se devoverunt; et respublica ipsa florentina, nec non respublica Senarum in Etruria multas copias in eorumdem principum subsidium suppeditaverunt, ut ex omnibus historicis colligitur, et ab eis affirmatur.

Item, quod inter cæteras florentinas familias, quæ tum temporis patriam dereliquerunt, et Neapolim se contulerunt, familia de Valoribus et ipsa eo se contulit, præsertim Gabriel de Valoribus, a

quo quidem Gabriele deinde ob Ludovici secundi
andegavensis e regno neapolitano in Galliam redi-
tum originem duxit familia de Valoribus, quæ Pa-
risiis, et in aliis Galliæ locis mediante *celeberrimo*
Bartholomeo primo ejusdem Gabrielis filio suam
sedem adripuit ibique commoratur.

Istum id procul dubio, et nullo hæsitationis scru-
pulo attestamur; in cujus rei testimonium has patentes nostras litteras subscribere non dubitavimus.

Datum Florentiæ hac die duodecima mensis fe-
bruarii millesimo septingentesimo octogesimo
quinto.

C'est au commencement du quinzième siècle, et
en particulier lors de l'expulsion des Guelfes, que
plusieurs familles nobles de Florence se sont réfu-
giées en France. César Nostradamus, dans sa *Chro-*
nique de Provence, rapporte leurs noms; mais
toutes ces familles ne sont pas restées dans ce
pays, et un grand nombre sont retournées dans
leur première patrie. De là, et cela joint à la mala-
die du siècle, les prétentions d'une origine italienne
qui surgissent chaque jour. Les maisons florentines
qui ont joué le plus grand rôle dans notre pays,
indépendamment de celle dont nous écrivons l'histoire, furent les Gondi, les Guadagni, les Cambis
et les Baroncelli.

La maison de Gondi fut la première en France;

mais on doit observer que les Gondi, revêtus, dans
notre pays, des plus grands honneurs, tels que
ceux de duc et pair et de maréchal, n'ont donné
à la république qu'un seul grand gonfalonier ;
qu'ils arrivèrent en France dans des conditions
tout exceptionnelles avec Catherine de Médicis, à
laquelle ils étaient proches parents comme beaucoup d'autres nobles florentins. Il n'en a pas été
de même des Baroncelli ; proscrits, ils durent à
leur épée et à leur généreuse origine de reconquérir
leur haute position (1).

Les Guadagni, revêtus dix fois du gonfalonat,
ont donné leur nom à Châteauneuf de Gadagne ;
ils ont été élevés à la dignité ducale.

(1) Baroncelli. La maison de Baroncelli, dont le nom primitif
est Bandini, est la plus illustre, selon nous, du comtat Venaissin,
et une des meilleures de la monarchie. Elle est originaire de Florence. Au XIIe siècle, elle comptait parmi les treize plus grandes
familles de la république ; elle lui a donné dix grands gonfaloniers
ou ducs souverains, et vingt-quatre prieurs de la liberté. Elle joua
un grand rôle dans l'histoire d'Italie au moyen âge. Les Bandini
révolutionnèrent Rome, et l'un d'eux, François Baroncelli,
s'empara du tribunat et renversa Rienzi. Enfin, le cardinal Octa-
vieo Bandini mourut doyen du sacré collége.
Depuis leur entrée en France, les Baroncelli sont devenus seigneurs puis marquis de Javon, par bref pontifical du 5 juillet
1778 ; ils ont eu un grand prieur de Saint-Gilles et un bailli de
Manosque. Ils portent les mêmes armes que la branche issue de
Lapo Rustichelli-Valori, ce qui semble justifier leur prétention à
descendre des souverains du Fiesole.
Le marquis de Javon actuel, Gabriel de Baroncelli, possède
encore à Avignon le palais du cardinal la Rovère, Jules II, dont
il descend par ligne féminine.

2

Les Cambis, *Cambi Importuni*, moins illustres en Toscane, sont devenus marquis de Velléron et d'Orsans, ont eu un chevalier des ordres du roi et plusieurs officiers généraux.

Revenons à notre sujet. Sur les vingt et un gonfaloniers que la maison de Rustichelli a donnés à Florence, treize portent le nom de Valori. Elle compte parmi ses aïeux proprement dits trente-trois prieurs, des podestats, un cardinal, un vice-roi de Calabre, plusieurs ambassadeurs, des sénateurs et des chevaliers de Saint-Étienne de Toscane. Depuis son entrée en France, elle est illustrée par huit officiers généraux, dont trois lieutenants généraux, deux grands-croix de Saint-Louis et trois commandeurs dudit ordre; par plusieurs officiers de la couronne, tels que chambellans, maîtres d'hôtel, échansons, pannetiers, écuyers, gardes du sceau et aumôniers. L'un de ces officiers, Gabriel de Valori, fut grand écuyer du roi de Sicile, duc d'Anjou. Enfin, deux lieutenants des cent gentilshommes à bec à corbin, des prélats, un grand nombre de chevaliers de l'ordre du roi, de Saint-Louis et de Malte; un grand provéditeur grand-croix et un commandeur de ce dernier ordre complètent la série glorieuse des illustrations françaises de la vieille famille étrusque (1).

(1) Lorsqu'en vertu de l'ordonnance de Louis XIV, un conseil eut été assemblé pour dresser la généalogie de sa maison, le mar-

Différentes branches « encore existantes. »

Les descendants de Gabriel de Valori, vice-roi de Calabre, ont formé les branches de Marignane, d'Estilly, de Lécé, de la Pommeraie, de la Motte, de la Chaire, de Lublé, de Maigné et de Bleneau.

Aujourd'hui, de cette immense et prolifique (1) famille, qui avait étendu ses rameaux sur l'Italie et sur la France, il n'existe plus que la branche de MM. de Valori d'Estilly et de MM. de Normandie.

quis de Valori reçut de l'abbé de Pomponne une lettre dans laquelle le conseiller du roi disait que les membres du jury étaient tous d'accord pour rattacher à sa famille la maison Strozzi, les ducs de Vallombrose, grands d'Espagne, le sire de Valori, écuyer de Guillaume le Conquérant, et le connétable de Champagne Hardouin de Valori. « Rien n'est plus probable, disait Pomponne : Corbinelli nous a prouvé que les Strozzi étaient issus de Phillipi, et les Phillipi proviennent des Rustichelli; l'abbaye de Vallombreuse, dans le Florentin, a appartenu à une branche de votre famille qui en portait le nom et qui émigra. Toutes les fois que les guerres civiles ont forcé vos ancêtres à quitter l'Italie, c'est en Angleterre qu'ils ont cherché un refuge : preuve qu'ils y avaient des parents. Aucun doute ne s'élèvera à la cour touchant cela. » Voici la réponse du marquis de Valori; nous avons lu l'autographe provenant du cabinet de Clérembault : « Je suis très-sensible, monsieur l'abbé, à vos intentions; seulement je ne puis y souscrire. La filiation de mes aïeux doit être prouvée par les contrats de mariage et autres actes authentiques que nous possédons, et dont nous avons envoyé une copie à Messieurs désignés par le roy. J'ai ouï répéter, en effet, plusieurs des choses dont vous me faites part; mais ce sont pures conjectures qu'il faut écarter, pour en rester sur le certain et l'assuré. Croyez, Monsieur, que je suis bien véritablement à vous. Le marquis DE VALORI. »

(1) Luminiosa et prolifica prosapia. — Borghini.

Les puînés de Rustichelli continuent à Florence
sous le nom de Torrigiani (1), et à Trévise (2) sous
celui de Rustichelli-Orlandi, la postérité italienne
de leur famille.

PERSONNAGES HISTORIQUES.

Avant de commencer la longue énumération des
hommes célèbres de la famille que nous étudions,
nous citerons les paroles qui furent prononcées
dans l'académie de Florence au sujet de Baccio
Valori :

« Baccio naquit en 1535 de la noble famille de
Valori, dont on peut dire qu'il y en avait fort peu
de pareilles, parce que la véritable gloire est bien
rare ; mais, dans cette famille, chacun par lui-
même paraissait bien digne d'un poëme célèbre
et d'une histoire toute particulière.

« La prudence civile, l'art militaire, la connaissance des belles-lettres, la profondeur de la philo-
sophie, qu'on ne trouve pas souvent dans les familles les plus nombreuses, tout se trouve rassem-
blé dans cette famille, pas du tout nombreuse, mais

(1) La maison Gaddi ayant pris alliance avec la dernière fille
de la maison Torrigiani a ajouté ce nom au sien.
(2) La famiglia Rustichelli-Orlandi, nel 1802, fu ascritta a
concilio nobile di Treviso. Giovanni fu proveditore della città. —
Brano, *Repertorio genealogico.* Venezia, 1831, vol. II, p. 228.

toujours possédant quelque homme d'un mérite tout
à fait surprenant (1). »

Saint Innocent, pape, d'après la tradition, était
de la maison Rustichelli (2).

Godefridus Rustichelli-Guidi, dit *le Bossu,* prince
et comte palatin de Toscane, chef du parti Guelfe
en 1065, marié à Matilde de Souabe, marquise de
Toscane, fille de Boniface II et de la duchesse
Béatrix (3).

Pietro Rustichelli fut un des principaux seigneurs
italiens qui se croisèrent avec Louis le Jeune, roi
de France; il acquit une haute réputation de valeur au siége de Ptolémaïs, sous le nom de *Chevalier Vert* (4).

Pietro Rustichelli II du nom, dit *de Tarentasia,*
archevêque de Lyon, pape sous le nom d'Innocent V.

(1) Estratti dei Fasti consolari dell' Accademia Fiorentina
all' originale, pagina 169-179. Bibliot. Richelieu.
(2) Histoire de la maison Rustichelli. Liste des papes, à la Va-
ticane.
(3) Bref papal de 1224 par lequel le pape Innocent IV (Sinibal
de Fiesque) donne une dispense à Aginulse Rustichelli-Guidi,
comte palatin de Toscane, afin qu'il puisse épouser sa parente,
Bertha, fille de Pietro Rustichelli, et sœur de son neveu le cardinal de Bologne, depuis Innocent V. *Eruditi Toscani,* pag. 30,
tom. XVI; *Généalogie,* tom. XVI.
(4) Albert d'Aix.

GUIDO UBALDO RUSTICHELLI - MONTEFELTRINO Ier, comte d'Urbin.

TORRIGIANO RUSTICHELLI vivait en 1280, selon la chronique des chartreux, qui comptaient parmi eux l'illustre religieux. Dante le chante dans le préambule de ses œuvres, sous le nom du *Moine*. Voici en quels termes Philippe Villani, son historien, en parle : « Torrigiano, physicien et philosophe de l'école de Taddeo, fut d'un esprit et d'un génie supérieur ; il surpassa dans les sciences tous ses autres contemporains, même Dino del Garbi. Il était de la famille de Rustichelli, partagée aujourd'hui dans celles de Valori et de Torrigiani (1). »

Gozo RUSTICHELLI-Guidalotti avait déjà figuré parmi les seigneurs du peuple et les hauts prieurs, lorsqu'il fut élu grand gonfalonier l'an 1293, c'est-à-dire l'année même de l'institution de cette suprême dignité.

GIOVANNI-ORLANDO RUSTICHELLI-VALORI (2), fils de Valore Rustichelli-Valori et de Ostia de Médicis, était déjà haut prieur de la république lorsqu'il fut proscrit et obligé de se réfugier en Provence, où ses cousins étaient établis. Le 1er novembre 1389, Jean de Montfort, s'étant trouvé à la cour pontificale d'A-

(1) Villani, *Opera*.
(2) Giovanni-Orlando Rustichelli, detto Rostrenon. *Hist. de la maison Rustichelli*, pièces justificatives. *Fasti consolari*, fol. 214 all' originale.

vignon, ramena avec lui en Bretagne l'illustre exilé. Le duc était en hostilité avec Charles V, et, ne voulant pas que sa destinée dépendît entièrement du zèle inconstant de ses sujets et de la clémence du roi, songeait à s'appuyer d'un secours qui pût le mettre en état de n'accepter que des conditions auxquelles il voudrait bien se soumettre. Le seigneur de Beaumanoir, Eustache de la Houssaye, Étienne de Goyon, Matthieu Raguenel, Jean Valori, Jean de la Chapelle et Richard Clerk, ses ambassadeurs, passèrent en Angleterre, pour engager la régence de ce royaume à lui fournir des forces plus nombreuses (1). A son retour, le duc fit épouser au proscrit florentin Péronnelle de Maillé, veuve sans enfants d'Alain de Rohan, ixᵉ du nom, vicomte de Léon ; et il lui inféoda la seigneurie de Rostrenon. Péronnelle appartenait à la maison des vicomtes de Tours, la plus ancienne et la plus illustre de la Touraine, où son nom, consacré par huit siècles, rappelle les exploits merveilleux de Jacquelin (2) le Templier, et la femme du plus grand des Condé (3).

Plus on remonte vers l'origine de certaines fa-

(1) Velly, *Histoire de France*, tome XI, page 71.

(2) Jacquelin de Maillé, combattant sous les ordres du grand maître de Béredford, se trouva seul de sa compagnie sur le champ de bataille ; l'intrépide chevalier arrachait les flèches dont il était couvert, et les lançait, rouges de son sang, contre les infidèles... Après sa mort, les Sarrasins voulurent goûter sa chair, persuadés qu'ils s'inoculeraient ainsi sa valeur !...

(3) Claire-Clémence de Maillé-Brézé, fille d'Urbain, maréchal

milles, plus on les trouve puissantes : et c'est là le cachet de la véritable grandeur ; car, en se rapprochant des âges héroïques de la féodalité, on se rapproche de la conquête, et les barons d'alors pouvaient dire avec vérité : *La terre des Gaules est à nous!* Les Rohan, revêtus des premières charges de la couronne de France, étaient bien petits seigneurs à côté des vicomtes de Porrhoët et de Léon ; et les seigneurs de Maillé-Brézé, devenus ducs de Caumont et de Fronsac, n'étaient pas forts comme les Hardouin, barons de Maillé et vicomtes de Tours.

Le chef actuel de nom et d'armes de la maison de Maillé est Charles de Maillé, marquis de la Tour-Landry et de Jalesnes, etc., premier baron de Touraine, élevé page aux écuries du roi, et qui accompagna le maréchal de Bourmont à la conquête d'Alger en qualité de son officier d'ordonnance. Le marquis de Maillé, officier aux lanciers de la garde royale, donna sa démission en 1830 (1).

de France, et de Nicole du Plessis-Richelieu. Le cardinal de Richelieu, son oncle, lui fit épouser Louis de Bourbon II du nom, le vainqueur de Rocroi. La demoiselle fut digne de sa brillante destinée. Seule, elle n'eut pas ces erreurs d'amour qui immortalisèrent les Chevreuse et les Longueville. M. de Sainte-Aulaire, dans son *Histoire de la Fronde*, nous a fait un récit curieux et piquant des aventures de l'intrépide et romanesque princesse.

(1) Le contrat de mariage de Jean Valori et de Péronnelle de Maillé a été brûlé lors du sac de Château-Renard, en 1793 : heureusement il est consigné dans les brièves de Pangony, notaire-véran à Arles, dans celles de Simian, notaire à Tarascon, et enfin

Taldo Valori est le premier qui soit connu dans les fastes historiques de Florence sous le seul nom de Valori, et celui, comme nous l'avons dit, qui a été la tige de deux branches de sa maison, l'une restée à Florence, l'autre établie en France. Il fut l'un des seigneurs du conseil de Florence en 1342, l'un des syndics de la république lorsque les paysans lui vinrent demander la paix qui fut conclue le 12 août 1322, l'un des prieurs des arts en 1329, 1335, 1338. Ces prieurs furent nommés depuis *les seigneurs de la liberté*. Enfin, il fut élu grand gonfalonier de la république en 1349. Il fut aussi l'un des vingt députés de la république pour faire l'achat de la ville de Lucques en 1341. Comme il avait épousé Françoise Bardi, il fut enveloppé dans leur proscription, et il se retira avec eux en Angleterre, et y prêta trente mille florins d'or au roi Édouard III, qui était en guerre avec Philippe de Valois, roi de France. Retourné à Florence, il y apaisa par son autorité les dissensions qui étaient entre la noblesse et le peuple, et fut enterré dans l'église de Santa-Croce, où l'on voit son mausolée (1).

Nicolas Valori, fils du précédent, fut élu grand gonfalonier de Florence en 1367. Étant depuis am-

dans les minutes des successeurs de Lucas et Piton, notaires à Poitiers.
(1) Consultez Machiavel, Villani, etc.

bassadeur de la république vers Louis, roi de
Bohême et de Hongrie, il mourut à Albe Royale,
où il fut inhumé. Son mausolée s'y voyait encore
en 1626. Nicolas établit sa postérité en Hongrie,
dans la personne de Philippe, son second fils.

Barthélemi Valori, surnommé *le Vieux*, naquit
en 1354; il fut élu l'un du conseil des Dix de la liberté en 1390. L'on ne recevait dans ce corps que
les premiers de la république et les personnes de
très-grande considération, dont la réputation et la
naissance étaient les mieux établies. Leurs fonctions
étaient de rendre la justice gratuitement, et de pro-
téger les pauvres contre l'oppression des plus puissants. Il le fut encore en 1396, 1401 et 1405, fut
aussi l'un des neuf de l'ordonnance de la milice en
1394, puis grand gonfalonier en 1403, 1409 et 1421.
Il fut en ambassade vers Ladislas, roi de Naples, en
1421, avec Jacques Salviati, Philippe Magalotti et
Laurent Ridolphi.

Ladislas ayant demandé que les Florentins le
reconnussent pour souverain légitime des États de
l'Église, et à ce prix il leur offrait son alliance,
les Florentins n'y voulurent pas consentir; ils re-
gardaient les provinces usurpées par le roi comme
formant le patrimoine légitime de saint Pierre, et
ils étaient déterminés à réintégrer le pape dans ses
possessions. « Quelles troupes avez-vous donc que

vous puissiez m'opposer? » demanda Ladislas étonné aux ambassadeurs. « Les tiennes ! » répondit fièrement Barthélemi Valori (1).

En 1410, il fut nommé ambassadeur vers le pape Jean XXIII; mais il n'y alla pas. Scipion Ammirato dit ne pas en savoir la raison. Il fut encore l'un des ambassadeurs qui conclurent la paix des Florentins avec les Génois le 27 avril 1413; l'un des syndics élus pour les affaires de la guerre le 14 juin de la même année. En 1418, on le retrouve parmi les six ambassadeurs envoyés vers le pape Jean XXIII, et, en 1419, l'un des exécuteurs testamentaires de ce pape. Il était du conseil des Dix en 1423, et l'un des ambassadeurs vers le duc de Milan et le doge de Venise, en la même année. A son retour de Milan, il harangua si vivement le peuple de Florence, qu'il lui fit prendre les armes contre le duc de cette ville. Ce grand homme, dont la longue carrière fut si occupée par les services rendus à l'État, mourut en 1427, et il fut enseveli dans l'église de Santa-Croce (2). Lucca della Robia

(1) Poggi Bracciolini, *Storia Fiorentina*, lib. IV, p. 307.

(2) (*a*) Testament de Charles, roi de Jérusalem, de Sicile, d'Aragon, en 1419 : « Lascia all' egregio huomo Bartolomeo di Niccolo di Taldo Valori, cittadino fiorentino, in ricompenza delle molte fatiche durate per lui, e per i benefizii fattigli, settecento fiorini d'oro di camera, e soggiunse, etc. » — *Delle Famiglie nobili Napolitane* di Scip. Ammirato, aggiunti et correzioni, page 378.

(*b*) On trouve dans Muratori, *Annales d'Italie*, année 1403, a écrit sa vie en italien, et le chanoine Pierre della Stufa l'a traduite en latin ; le manuscrit italien se trouve à la Megliabecchiana de Florence, et le manuscrit latin à la bibliothèque Richelieu.

Alloys Valori, chevalier de St-Jean de Jérusalem, remporta en 1439 plusieurs victoires sur les Turcs. Albert, archiduc d'Autriche, le décora de l'ordre du Dragon renversé et de celui des Disciplines. — Gassencourt, *Martyrologe des chevaliers de Malte.*

François Valori, surnommé *le Grand,* fut un des plus illustres personnages de son temps. Il était du conseil des seigneurs en 1471, et il fut élevé quatre fois à la dignité de grand gonfalonier, en 1484, 1489, 1493, 1497. La république l'envoya en ambassade, avec Pierre de Médicis et quatre autres de ses citoyens de la première qualité, vers le pape Alexandre VI, qui venait d'être élu en 1492. Nommé général des troupes de la république, il défendit Pise contre les Français en 1495, fut du conseil des Dix en la même année, et l'était encore en 1497. Il se déclara bientôt chef du parti de Savonarole, et appuya le *frate* de sa parole et de son épée. « Auprès du frère, dit Audin, je vois toujours

ambassade de Valori auprès du duc de Milan : « Les négociations ayant été accueillies d'une manière offensante, Muratori dit : Bartolomæus Valorius, iratus et plenus minis, Galliam contendit. » C'est le seul historien qui mentionne ce fait.

une figure armée de pied en cap, et qui s'appelle
Valori. » François réunit le grand conseil, et pro-
posa la déchéance et l'exil de Pierre de Médicis :
pas une voix ne s'éleva en faveur du descendant de
Cosme ; la déchéance fut prononcée. Dès lors l'autorité du gonfalonier ne connut plus de bornes, et
c'était celle d'un prince (1). Nero, Ridolfi, Cambi et
Tornabuoni avaient conspiré contre la liberté de la
république ; François les fit juger et exécuter sans
même consulter le grand conseil. Cependant un parti
puissant ne tarda pas à se former contre Savonarole. Le 9 avril 1498, une émeute violente s'éleva
dans Florence ; la populace armée se dirigea sur le
couvent de Saint-Marc, où se trouvait le frère. Valori, à cette nouvelle, accourut au secours du religieux ; mais le noble et pieux vieillard fut reconnu
en route par des amis de Tornabuoni le Condamné ;
on lui tira un coup d'arquebuse, et il alla tomber
sur les degrés de San-Procolo (2). Chose étrange !
c'était là que se trouvait la sépulture de ses ancêtres. Les assassins ne se contentèrent pas de ce
meurtre ; Constance Canigiani, sa femme, et un
enfant en bas âge, eurent le même sort. Son palais
fut saccagé et brûlé. Machiavel parle de Valori

(1) Machiavel, *Discours sur Tite-Live*.
(2) C'est dans la chapelle majeure de l'église principale de San-
Procolo que se trouvait la sépulture des Rustichelli-Valori ; elle
leur appartenait de temps immémorial. — Scipione Ammirato,
Storia Valori, pag. 1.

comme d'un grand citoyen. Philippe de Comines,
racontant la mort de Savonarole, qui fut pendu
et brûlé le 13 du même mois, dit que l'on tua alors
le principal homme de la ville, nommé Francisque
Valori. Marsile Ficin (1) nous a vanté la culture
de son esprit; il nous apprend qu'il était platonicien, et que ses idées philosophiques étaient élevées
et profondes. D'autres disent qu'il affectait la souveraineté. Son mausolée en marbre a été élevé par
les soins du sénateur François Valori, son neveu,
dans le cloître de ces dominicains qui avaient
trouvé en lui un si noble protecteur. Silvano Razzi
a écrit sa vie, et son éloge a été prononcé le
1er mai 1520 devant tous les membres de la seigneurie de Florence. Son portrait, peint par André
del Sarto, se trouve dans le cabinet du prince
Charles Rustichelli-Valori, à Paris.

PIERRA VALORI, ou la bienheureuse Murée, était fille
de Philippe Valori et de Picchina Capponi; elle
était sœur du grand François, dont nous venons de
raconter la vie. Le duc Pompeo Litta, dans son
Histoire de la maison de Valori, nous apprend que
cette jeune fille renonça aux grandeurs de sa famille

(1) Voilà ce que Marsile Ficin écrivait à Nicolas Valori : « Fran-
ciscus interea patruus vester æque meritus de republica, vir
omnium integerrimus, et magno illi Bartolomæo avo suo similis,
in omnibus meis meorumque perturbationibus, pio nos semper
officio fovens, jampridem nobis hæc otia fecit. »

pour se livrer à la plus incroyable pénitence. Elle fit vœu de passer sa vie dans une petite cellule pratiquée à cet effet sous une arche du pont Rubacante, sur l'Arno. Relevée de son vœu par le bienheureux Gomezio, elle fonda avec lui le monastère de l'Annonciade, dont elle fut la première abbesse, et elle y mourut en odeur de sainteté; le monastère a conservé le nom de la bienheureuse qui l'a fondé. Les miracles qui s'opérèrent sur son tombeau ne tardèrent pas à attirer l'attention de Rome; mais Pompeo Litta ne nous a pas dit le nom du souverain pontife qui la béatifia.

On montre encore à Florence la cellule où la bienheureuse avait enseveli sa jeunesse et sa beauté (1).

ANDRÆA RUSTICHELLI-GUIDOTTI fut un des hommes dont la sagesse et l'expérience dans les affaires étaient le plus en honneur en Europe. Ce qui le prouve, c'est que les rois de France et d'Angleterre, François Ier et Henri VIII, le choisirent pour médiateur et négocier la paix entre leurs couronnes. Les préliminaires de cette paix furent signés le 5 juin 1546 : la mort de Henri VIII les interrompit, mais

(1) Una delle giovani, che si ritirarono a vita penitente murata entro un piccolo abituro, sopra una pila del ponte Rubacante. Fu poi levata colle sue compagne dal B. Gomezio per fondare il monasterio dell' Annunciata, detto anche oggidì delle Murate. — Pompeo Litta, *Histoire de la maison de Valori.*

Édouard VI les reprit. Pour récompenser Andræa
d'une manière digne du service éclatant qu'il venait
de rendre, les rois de France et d'Angleterre l'au-
torisèrent, par un article séparé du traité (1), à porter les armes pleines de France et d'Angleterre. Andræa continua à porter les siennes comme elles
étaient, trouvant sans doute que, pour être moins
illustre que le lis de France et le léopard d'Angleterre, son aigle romaine était aussi antique (2).

BARTOLOMEO VALORI, connu sous le nom de Baccio, se montra dès son enfance hardi, ambitieux à
rechercher les honneurs, et d'une nature inquiète. Il
débuta dans l'histoire par une action hardie : c'est
lui qui osa, contre toutes les lois de l'État, se présenter chez le gonfalonier perpétuel Soderini, et le
forcer à se démettre d'une charge qu'il ambition-
nait déjà pour lui-même. On dit que, tirant son épée,
il menaça le doge et lui fit craindre pour sa vie. En
1521 il fut nommé haut prieur ; mais la haine de la
maison de Médicis lui fermait la porte des honneurs,
lorsque Clément VII fut appelé au trône pontifical.
Ce pape avait la plus grande affection pour Valori,
qui était son confident intime. Baccio, en 1524, fut
enfin élevé à la souveraine magistrature ; mais ce

(1) *Preuves de l'Histoire de Florence,* tom. XVII. Le traité est
cité en entier.
(2) On trouve cependant dans quelques nobiliaires les armes de
Rustichelli accolées de France et d'Angleterre.

n'était pas ce qu'il désirait, il voulait la perpétuité de sa charge. Usant de l'autorité que lui donnaient sa parole facile, son grand air et son audace, il captiva la multitude, et prépara la chute des Médicis; puis, quand tout fut préparé de longue main, il rassembla le grand conseil, et, se souvenant de son ancêtre Francesco, il fit expulser les Médicis et rétablir la liberté. Baccio fut alors un des douze qui gouvernèrent souverainement la cité, et il fut bientôt gonfalonier perpétuel (1), comme l'avait été Soderini. Ce n'était pas suffisant pour l'ambitieux patricien : il conspira avec Clément VII pour asservir sa patrie, et se faire nommer, comme Cosme, duc héréditaire de Florence. Le complot fut éventé, et Baccio fut obligé de s'enfuir, emportant la haine des Florentins, qui firent pendre, dit Scipion Ammirato, une personne accusée d'avoir correspondu seulement avec lui. Cela n'empêcha pas que l'habile magistrat ne revînt bientôt à Florence comme commissaire apostolique et lieutenant de Clément. On vit le proscrit entouré de gardes, et, avec le cortége d'un prince, faire son entrée dans la ville et y dominer sans contrôle.

Sa faveur ne s'arrêta pas là ; le pape le nomma président de l'exarchat de Ravenne, rétablissant cette dignité en faveur de son favori. En 1534, la

(1) Paul Jove.

3

république l'envoya féliciter Paul III de son élection ;
mais là s'arrêta la fortune de cet homme célèbre;
elle avait été diverse et étrange ; sa fin couronna son
audacieuse existence. Les Médicis avaient repris le
pouvoir et Cosme était duc. Baccio, infatigable dans
ses desseins, réveilla toutes les vieilles factions contre la puissance ducale. Les Strozzi, les Albizzi,
tous les antiques adorateurs de la liberté, s'unirent
à lui. Baccio organisa une petite armée, et, accom-
pagné de Philippe Strozzi, il alla livrer bataille à
Montemurlo aux troupes du duc. Il fut défait et ramené à Florence, où il fit son entrée sur un âne,
la tête tournée vers la croupe et assis sur un fagot
d'épines. La multitude accueillit l'illustre captif avec
une silencieuse compassion ; elle n'avait pas oublié
que, six ans auparavant, l'ancien gonfalonier perpétuel était entré en triomphe, au milieu de ses ac-
clamations. Après une cruelle détention, le 12 août
1537, Baccio fut conduit sur la place du Vieux-Pa-
lais ; et là il fut décapité avec son fils Philippe et son
cousin, avec une barbarie qui rappelle Louis XI et
le duc de Nemours (1).

Cosme, cependant, se repentit de ce crime, et, en
signe de réconciliation des deux maisons, Paolo-Antonio Valori épousa Constance de Médicis.

_____

(1) L'histoire ne nous dit pas que la cour de Rome ait essayé
de venger la mort de Baccio, qui était cependant revêtu de la
pourpre romaine.

Les portraits de Baccio et de sa femme Diane Soderini, peints par Raphaël, se trouvent dans le cabinet de M. le marquis de Valori, à Paris.

Nicolas Valori fut une des gloires littéraires du siècle de Léon X ; il était platonicien, et grand ami de Laurent le Magnifique et de Marsile Ficin, qui, dans ses œuvres, fait un grand éloge de Nicolas. Mais il ne fut pas seulement un historien et un philosophe remarquable, il fut homme d'État, et la république le décora des plus grands emplois. En 1501, il fut commissaire à Pistoie ; en 1503, ambassadeur auprès du roi Louis XII, qui le fit son chambellan, et qui voulait lui donner des armes, ce qu'il refusa(1). Il quitta Paris, chargé des présents royaux ; et en 1507 il fut de nouveau ambassadeur auprès de Ferdinand le Catholique, et gouverneur de la partie de la Romagne qui appartenait à la république. Les Florentins furent si contents de l'administration et du gouvernement de Nicolas, qu'ils lui firent don de la seigneurie et du château de Monte-Vecchio. En 1509, il fut commissaire à Prato, et en 1512 il fut accusé de n'avoir pas dénoncé la conjuration d'Agostino

(1) Si Lainé, le seul généalogiste français qui a attaqué l'origine souveraine de la maison de Valori, avait mieux étudié l'histoire de cette famille et Scipione Ammirato, il aurait vu, par cet exemple, que le changement d'armes dans la même famille n'était pas chose extraordinaire, puisque Louis XII avait offert à notre Nicolas de remplacer son écusson florentin par des armoiries françaises.

Capponi, et condamné à mort. Son neveu Baccio obtint sa grâce de Léon X. C'est pour cela que, quelque temps après, Nicolas écrivit l'histoire de Laurent le Magnifique, et qu'il la dédia à son fils le pape Léon. Cette vie a été publiée en 1749 par Méhus. Nicolas fut encore commissaire à Arezzo et ambassadeur à Rome, où il assista au sac de cette ville et à la mort du connétable de Bourbon.

Francesco Valori, deuxième du nom, joua un rôle sérieux dans la défense de Florence; il commandait l'artillerie et les compagnies franches d'Espagnols. Il fut envoyé en ambassade à Bruxelles auprès de Charles-Quint. En 1532, le sénat fut institué; Francesco fut le premier sur la liste de quarante-huit sénateurs. L'année suivante, il fut fait podestat de Pistoie. Mais il abandonna le parti des Médicis, et, pour éviter la fin tragique de son cousin Baccio, il alla auprès du pape Paul III. Ce pontife le fit successivement gouverneur de Narni, de Terni, d'Orvieto, de Rimini, et enfin de Fano; mais malgré tant d'honneurs il mourut à Rome en 1555, sans avoir eu la consolation de revoir sa patrie, *sa chère Florence,* comme il l'écrivait.

Baccio Valori, deuxième du nom, fut fait chevalier de Saint-Étienne en 1587. Il fut couronné pour ses travaux de législation et de littérature; en 1580, le grand-duc François, son cousin, le nomma sénateur; en 1591, il fut commissaire général de ce prince à Pistoie et à Pise, président du conseil de la pratique secrète, conseiller intime de François, et son ministre pour les académies et universités. Borghini a beaucoup parlé de sa grande habileté dans les affaires, de son érudition, de sa connaissance des lettres, et de la haute protection qu'il accorda aux arts. En 1587, il publia la chronique de Jean Villani; il fut chargé de la surveillance des bibliothèques du grand-duché. C'est par amour de sa patrie qu'il fit élever des bustes en marbre à la mémoire des illustres Florentins; ces bustes décorent son palais dans le bourg des Albizzi. Baccio mourut dans une de ses villas à Empoli, le 4 avril 1606, en sa soixante et onzième année; son fils Philippe et son petit-fils Alexandre furent comme lui chevaliers de Saint-Étienne et revêtus des premières charges. Le chevalier Alexandre fut le dernier de la branche florentine; il mourut le 12 novembre 1687; « mais (1), pour l'honneur de notre patrie, dit le carme Ildefonse, la maison de Valori fleurit encore en France, et ses rameaux y ont pris une vigueur nouvelle (2). »

(1) Nel cavaliere Alessandro morì egli il dì 12 di novembre dell'anno 1687, e fu sepolto in Badia, così resta estinta in Italia la generosa stirpe de' Valori, che pero a gloria di nostra patria, fiorisce ancora vigorosa in Francia. Gabriello di Taldo Valori, che lasciata la patria si dedicò al servigio di Luigi I, duca d'Anjió, rè di Napoli.—*Delizie degli Eruditi Toscani*, tom. XVI, f. 441.

(2) Nous insulterions aux mânes d'un héros si nous passions

Gabriello Valori fut compris, comme son père et son cousin, dans la proscription de Gautier, duc d'Athènes ; il était alors juge et syndic de la commune de Florence. Il passa en Provence, et offrit son épée à Louis Ier, duc d'Anjou. Celui-ci le fit vice-roi de Calabre, et le nomma gouverneur de la capitainerie ducale de Gaëte. Gabriel fut revêtu de plusieurs autres charges (1), dont le nom n'est pas parvenu jusqu'à nous ; il mourut à Cozence, et de son mariage avec Marguerite de Trans, nièce de la reine Jeanne, fille de Hélion de Villeneuve, grand maître de la maison du roi Louis d'Anjou, il eut deux fils, Barthélemi et Gabriel, qui suivent. Il fut enterré à Cozence, où son mausolée (2) se voyait encore en 1629.

Barthélemi de Valori, maître d'hôtel de la reine Yolande, comtesse de Provence (3), fut un des sei-

sous silence Nicolas Valori II du nom, chevalier de Saint-Jean de Jérusalem, et général des galères de la religion, qui se couvrit de gloire à la bataille de Lépante en 1570, où il commandait la galère Sainte-Anne. Il fut tué à Palerme, les armes à la main contre les Turcs.

(1) Pompeo Litta, *Maisons illustres d'Italie.*

(2) Sur son tombeau, Gabriel était représenté couché, la couronne de vice-roi à ses côtés. — *Dell' Antichità Calabrie,* fol. 121. Bibliothèque Richelieu.

(3) Johanna, Dei gratia, regina Jherusalem ac Siciliæ, etc. Magnifico viro domino Valori, patricio populi sancti Proculi de Florentia, nostro dilectissimo in Calabre generali capitaneo, majestatis nostræ loco tenenti, gratiam et bonam voluntatem. Perspectum nobis jampridem vero multorum testimonio, et nuper illustrissimo principe Calabrie nostro uberrimo teste, quod inter

gneurs les plus puissants (1) dans cette province et en Anjou. Il fut successivement viguier (2) de la ville d'Arles, dignité qui marchait de pair avec celle de grand sénéchal, gouverneur de la ville et du château d'Angers, et enfin du pays d'Anjou. La reine Yolande, qui l'affectionnait, lui fit don de la seigneurie et du château de Marignane par des lettres patentes (3) d'un style tout particulier, dans lesquelles elle déclare que son cher et bien-aimé Barthélemi a quitté ses proches, ses parents, ses amis, et Florence sa patrie, pour s'attacher à son service ; elle lui donne en outre les mêmes titres qu'à Guillaume des Baux.

ceteros Florentinos clarissimos equites habearis fidelitate insignis. Quippe qui non solum in pace, sed foris in ipso strepitu militari, eloquentia, animorum fortitudine mirifice prestas.... Quamobrem ut nostra erga te benevolentia aliqua ratione pateat, in mente gerens quanta summus dominantium Dominator mihi fecerit, adjuvante republica florentina, a præsenti die in posterum, vir magnifice domine Valori, conciliarium nostrum, ut in sacro nostro senatu negociorum tractare possis, etc. Datum Neapoli, in castro nostro Ovi, præsentibus ad hoc Angeluccio de Furno, Johanne Caraciolo, Tomaso de Cirete, Jacopo de Capro, Francisco de Baucio ac pluribus aliis; anno Incarnationis.... tertia die mensis maii 1358.

Cette charte magnifique, dont l'original existe avec toutes les pièces concernant la maison de Valori à la bibliothèque Richelieu, a été tirée très-anciennement des Mémoires domestiques de MM. de Valori d'Estilly.

(1) Celeberrimus Bartolomæus. Lettres de reconnaissance.

(2) Les lettres patentes de Louis II, roi de Jérusalem et de Sicile, duc d'Anjou et comte de Provence, sont du jeudi 2 mai 1414. — Protocoles Pangony, notaire-véran à Arles.

(3) Voyez page 13.

Barthélemi épousa Césarée d'Arlatan, fille de Jean d'Arlatan, surnommé *le Grand*, capitaine des gardes du roi René, et son ambassadeur à Venise et à Milan. Ce seigneur défit les Catalans sous les murs de Marseille, qu'il défendait. Barthélemi et son frère Gabriel furent choisis par Louis d'Anjou pour ses exécuteurs testamentaires, et le roi René ne les oublia pas dans son testament.

Arlatan. Cette famille est non-seulement une des plus anciennes de la ville d'Arles, puisque ses titres remontent bien avant l'an 1000, mais encore de tout le royaume. Geoffroy en 1092, Pierre en 1240, Geoffroy en 1336, et Jean d'Arlatan en 1428, occupèrent les premières charges de l'État. Il est certain que les d'Arlatan descendaient des rois d'Arles; car ils sont qualifiés dans les chartes du nom de seigneurs d'Arles, d'Arelate, et quelquefois d'Arelatanus. D'ailleurs, le droit souverain de vermillon, exercé par eux, ne laisse aucun doute à ce sujet : le vermillon ne pouvait être coupé dans le pays sans l'autorisation des d'Arlatan, publiée à son de trompe. Leurs armes étaient d'argent, à cinq losanges de gueules; et leur couronne, à cinq fleurs de lis d'or, portait entre ses fleurons un lion assis, une épée haute portant une fleur de lis ; enfin, leur devise était : *Nul antique que nous !*

GABRIEL DE VALORI, deuxième du nom, grand

écuyer (1) de Provence, fut viguier d'Arles comme
l'avait été son frère. Lorsque le roi René institua
l'ordre du Croissant, Gabriel fut un des trente-deux
chevaliers qui y furent admis. Pour être reçu dans
cet ordre, il fallait être duc, prince, marquis ou
vicomte, et avoir quatre degrés de noblesse pater-
nelle et maternelle. Le collier de l'ordre était formé
de coquilles soutenant une étoile et un croissant,
avec cette inscription : *Loz en croissant*. De petits
chaînons indiquaient le nombre des exploits du chevalier ; on en a trouvé trois sur la statue du grand
écuyer. Laugier Sapor, évêque de Gap et baron de
Château-Renard, s'était révolté contre son souverain ; le roi René, par lettres patentes existant à la
commune de l'endroit, ordonna à *magnifique* seigneur Valori, son grand écuyer, de s'emparer du
château et de la personne de l'évêque, et il l'investit
de cette baronnie et du gouvernement de Tarascon.
Gabriel mourut après avoir été marié à Honorée
Alvarès d'Albe (2), des seigneurs de Roquemartine,
fille du grand sénéchal.

LOYS DE VALORI, écuyer de Charles d'Anjou, comte

(1) Dilectissimum nostrum magnum scutiferum. — Lettres
patentes. Commune de Château-Renard ; une copie en est déposée
rue Richelieu.

(2) Albe ou Aube de Roquemartine, branche de la maison de
Tolède qui vint s'établir en Provence très-anciennement, car elle
y possédait la seigneurie de Roquemartine avant l'an 1200, ce

du Maine, se trouvait avec ce prince et Louis XI
lorsque ce roi faillit se noyer dans la Loire, au lieu
de Berhuart. L'écuyer d'Anjou, voyant le roi de
France engagé sous les ailes d'un moulin, se jeta
à l'eau et sauva la vie du monarque (1).

PHILIPPE DE VALORI assista au siége de Saint-Di-
zier, où, ayant provoqué René de Nassau, général
de Charles-Quint, à un combat particulier, il le tua ;
Henri II le fit chevalier de son ordre.

ANTOINE DE VALORI, seigneur d'Estilly, fut un des
quarante-cinq gentilshommes de Henri IV ; il servit
vaillamment dans les armées de ce prince, principa-
lement en Bretagne et en Normandie. Voici la lettre
que lui adressa le Béarnais en le nommant un de
ses gentilshommes :

« Antoine de Valori, mon ami, j'ai occasion de
« vous faire connaître que le sieur de Cadinet ayant
« été tué, le roi est bien aise que vous fassiez
« votre service dans les quarante-cinq. Je vous prie

qui conste d'une charte de cette époque, où les commissaires dé-
légués pour les impôts déclarent :
Castrum de Rocca Martina nihil, quia dicitur fora liberum ex
privilegio concesso Albæ.
Principales illustrations : un grand sénéchal de Provence et un
grand prieur de Saint-Gilles. Les personnages espagnols de leur
maison sont trop connus pour les mentionner ici.
(1) Voyez l'*Histoire des ducs de Bourgogne*, par M. de Ba-
rante.

« faire état de mon contentement de vous voir trai-
« ter selon vos mérites ; et vous viendrez offrir votre
« bonne volonté en notre endroit. Bonjour, Antoine
« de Valori, mon ami. — Écrit à Tours, le quin-
« zième jour d'avril. HENRY. »

GUI DE VALORI, seigneur de la Pommeraye, gentilhomme de la chambre des rois Henri IV et
Louis XIII, chevalier de leur ordre, se distingua
également dans les guerres que Henri le Grand
soutint pour recouvrer son héritage.

CHARLES-GUY, marquis DE VALORI, lieutenant général des armées du roi, grand-croix de l'ordre
royal et militaire de Saint-Louis, directeur général
du génie militaire et des places fortes du royaume,
gouverneur de la citadelle de Lille, défendit Menin
contre la grande armée des alliés, et la citadelle de
Lille contre le prince Eugène. La citadelle ne se
rendit que deux mois après la ville. La défense de
Douai mit le comble à sa gloire ; il fut fait lieutenant général, et commanda en chef le génie militaire à la bataille de Denain. Villars a raconté dans
ses Mémoires les services signalés et décisifs que le
génie militaire et son illustre chef lui ont rendus
dans cette bataille fameuse, et il envoya le fils du
marquis de Valori porter au roi les trente-neuf drapeaux conquis sur l'ennemi. Voici la lettre que lui
adressa Louis XIV quelques jours avant la victoire :

« Monsieur le marquis de Valori (1), étant bien
« aise que l'application que vous donnerez aux fonc-
« tions d'ingénieur en. chef et de commandant en
« chef les ingénieurs dans mon armée du Rhin, de
« laquelle j'ai donné le commandement à mes cousins
« le duc de Villars, pair et maréchal de France, et de
« Bezons, aussi maréchal de France, ne vous prive
« pas de l'honneur de m'y servir en votre charge de
« lieutenant général en mes armées, je vous écris cette
« lettre pour vous dire que je trouve bon que vous
« receviez les ordres de mesdits cousins, désirant
« qu'ensuite vous vous donniez entièrement à ce qui
« regarde les fonctions d'ingénieur en chef et de
« commandant les ingénieurs en madite armée du
« Rhin, vous assurant que ceux que vous me ren-
« dez me sont en particulière considération.

« Et la présente n'étant à autre fin, je prie Dieu
« qu'il vous ait, monsieur le marquis de Valori, en
« sa sainte et digne garde. Écrit à Marly, le 31 mai
« 1713. »

Valori continua à s'illustrer dans l'art de Vau-
ban ; il prit successivement Landau, Fribourg et
le Quesnoy ; mais le grand roi était mort, et avec
lui l'espoir du bâton de maréchal, qu'il destinait
au célèbre ingénieur. « Je suis plus vif que le marquis de Valori, écrivait Villars au chancelier Voy-

(1) Bibliothèque Richelieu.

sin quelques jours après la victoire; mais je me rends toujours à ses idées, que je trouve toujours convaincantes; bien du talent et de l'intelligence, et le roi doit en être bien content. » On sait que Villars était peu modeste; on doit donc attacher un grand prix à cet éloge.

Si l'on en croit des chroniques de palais, le bâton de maréchal aurait été joué aux dés, dans le cabinet de Louis XIV, entre le marquis de Valori et le sieur d'Ahsfeld : le sort aurait été favorable à ce dernier. Nous ne faisons que rapporter cette anecdote, sans en assumer la responsabilité.

Le marquis de Valori (1) mourut au Quesnoy, et il fut enterré dans le chœur de la principale église, où l'on voit son mausolée.

Le vainqueur de Landau avait été humain autant qu'habile pendant le siége du Quesnoy. Une lampe qui brûle perpétuellement devant son cercueil éternise la reconnaissance des habitants.

GUY-HENRI, marquis DE VALORI, fils du précédent, lieutenant général des armées du roi, grand-croix de l'ordre royal et militaire de Saint-Louis, de Saint-Lazare, du Mont-Carmel et de l'Aigle noir, ambassadeur de France auprès des rois de Prusse et d'Angleterre, naquit à Menin le 12 octobre 1692.

(1) Consultez Allard, *Histoire du génie militaire ;* et les *Mémoires* de Villars.

Âgé de seize ans, il fut chargé de porter les trente-
neuf drapeaux que son père avait conquis en grande
partie aux siéges de Fribourg et de Landau. Il obtint bientôt un régiment de son nom ; et le cardinal
Fleury, qui avait su découvrir dans le jeune colonel les talents du négociateur, le choisit pour ministre de France à la cour de Prusse. Valori, qui
venait d'être nommé brigadier des armées du roi et
gouverneur de Rue, alla à Berlin remplacer le marquis de la Chétardie.

Ami et compagnon d'armes du grand Frédéric,
le marquis de Valori suivit ce prince dans toutes ses
campagnes, et décida, à la tête de la cavalerie
prussienne, du gain de la journée de Hohen-Friedberg. Frédéric et le marquis de Valori, ces deux
noms sont inséparables ! Jamais Voltaire, jamais
favori prussien ou étranger, même le marquis
d'Argens, ne fut en affection au monarque autant
que le marquis de Valori. La lettre suivante, datée
de Potsdam le 2 mai 1750, écrite au roi Louis XV
après la victoire de Hohen-Friedberg, en est une
preuve incontestable : « Monsieur mon frère, le départ du marquis de Valori me fournit une occasion
nouvelle d'assurer Votre Majesté de tous les senti-
ments d'amitié et d'admiration qu'elle m'inspire.
Le marquis de Valori connaît mon âme ; il est,
depuis dix ans, témoin de ma façon de penser
sur son sujet, et il pourra rendre compte à Votre

Majesté de ce que mon cœur n'ose lui dire, de
crainte de blesser sa modestie. Le caractère du
marquis de Valori m'a paru d'autant plus estima-
ble, que, dans toutes les occasions, je l'ai trouvé
zélé pour les intérêts de Votre Majesté et pour ceux
de ses alliés ; que sa candeur ne s'est jamais démen-
tie, et que j'ai eu lieu de profiter de l'expérience que
ses longs services lui ont donnée dans l'art militaire. Je n'entrerais pas dans ce détail, si ce n'est
que l'excès de confiance que j'ai dans l'amitié de
Votre Majesté ne me flattait de la part qu'elle dai-
gne prendre à ce qui me regarde.

« Si le marquis de Valori avait été à mon service,
je l'aurais récompensé certainement, pour m'avoir
été utile le jour le plus décisif de ma fortune. Mais
j'espère qu'il n'y perdra rien, etc. »

Ces expressions énergiques louent plus le marquis de Valori que je ne puis le faire. Cet hommage
est d'autant plus flatteur, qu'il émane à la fois d'un
souverain et d'un héros connu par sa tactique ad-
mirable, et plus en état que personne d'apprécier
les talents dans l'art militaire.

M. de Valori amena et signa le traité de Bres-
lau, et quitta la cour de Prusse et l'Allemagne, emportant les témoignages de l'admiration de tous
ceux qui l'avaient connu. Quant aux regrets du
grand Frédéric, ils éclatèrent avec une grande sen-
sibilité, sentiment assez rare chez ce prince.

Cette illustre intimité d'un grand homme immortalise l'ambassadeur qui mit si bien en œuvre les plans politiques du sage cardinal de Fleury, et le général qui aida de son épée, autant que de ses conseils, le plus grand capitaine du siècle. Voici la lettre d'adieux que lui adressa Frédéric; c'est le plus beau des monuments qui transmettront à la postérité le nom de Guy-Henri de Valori :

« Après la façon outrageante dont votre cour se comporte avec moi, vous ne trouverez pas étrange que je ne réponde point au ministre de France, *mais à mon vieil ami.* Je suis fâché de votre départ, et vous pouvez être persuadé que je ne ferai non-seulement des vœux pour votre santé, mais encore pour votre fortune. Faites mes compliments à mes amis dans le pays où vous allez, si j'en ai encore. Pour moi, je vois toutes les extravagances qui arrivent avec sang-froid, « et vous pouvez être « persuadé que, bien loin d'en être découragé, ce « m'est un nouvel aiguillon qui m'animera à faire « l'*impossible possible* l'année qui vient. Adieu, « mon cher Valori; je vous souhaite un heureux « voyage. Frédéric. — 2 novembre 1756. »

La guerre de Sept-Ans éclata. Le marquis de Valori, doyen des lieutenants généraux, rompu à la tactique prussienne, et connaissant par expérience la manière dont Frédéric faisait la guerre, sollicita le commandement de l'armée française. Ce commandement lui assurait le bâton de maréchal, que lui avait promis formellement Louis XV (1). Les intrigues de madame de Pompadour, qui détestait le caractère haut et loyal du marquis, lui firent préférer le prince de Soubise. On sait quel fut le résultat de la bataille de Rosbach.

Valori se retira alors dans sa terre de Saint-Pierre d'Étampes, où il acheva l'histoire de ses négociations, qu'il avait commencée à Berlin. Ces mémoires ont été publiés par son petit-neveu, M. le marquis de Valori d'Estilly, avec une notice historique savamment rédigée, et un recueil de ses correspondances avec les souverains de l'Europe. C'est là qu'il faut étudier l'histoire d'un homme qui vit rouler presque sur lui seul toutes les affaires du Nord depuis 1739 jusqu'en 1756 ; qui négocia l'alliance de 1741 (2) ; qui conçut le traité d'Aix-la-Chapelle, dont la consistance diplomatique survécut à cinq ministères et lia étroitement celui de Fleury à celui de Bernis ; qui assistait de sa vieille expérience les maréchaux de Belle-Isle et de Richelieu, l'électeur de Bavière, et Frédéric, qui nous l'a dit lui-même. Cependant le cardinal de Fleury apprenait de lui les

(1) Mémoires du marquis de Ximénès.
(2) Voyez, pour tout ce qui est avancé par nous, Chalmer, Valin, Rousset, Koch, Wenck, Martens, Moser, etc.

affaires de l'Allemagne; le marquis d'Argenson, la tactique militaire et un tableau des manœuvres prussiennes ; enfin, le chancelier d'Aguesseau, le système du droit civil et du code Frédéric.

Le marquis de Valori mourut en 1774, et Louis XVI crut réparer les torts du trône et de la patrie envers ce grand citoyen en ordonnant que le bâton de maréchal fût déposé sur son cercueil (1).

Le roi de Prusse, en apprenant la mort de l'inséparable compagnon de sa vie, pleura : écoutons-le. — Au chargé d'affaires de MM. de Valori. Berlin, 1775.

« Monsieur, j'ai bien reçu la lettre où vous m'ap-
« prenez la mort du marquis de Valori. Dites de
« ma part à ses petits-fils que *j'en suis pénétré jus-*
« *qu'aux larmes*, et que je les exhorte à suivre
« son exemple. Le roi de France et ses alliés ont
« toujours eu dans la personne de Valori un minis-
« tre fidèle et zélé. Les hommes de sa trempe ont
« été rares dans ce siècle. Et sur ce, je prie Dieu,
« monsieur, qu'il vous ait en sa sainte garde.....
« FRÉDÉRIC. »

Son portrait a été fait par Pesne, peintre du roi de Prusse ; il se trouve dans le cabinet de M. le

(1) Ordonnance royale du 1er mai 1774.

marquis du Puy-Montbrun (1), qui a épousé en premières noces Henriette de Valori de Lécé.

Louis-Marc-Antoine, marquis de Valori d'Estilly, patrice héréditaire de Florence, maréchal des camps et armées du roi, commandeur de l'ordre royal et militaire de Saint-Louis, chevalier de Saint-Étienne de Toscane et de Cincinnatus, fit la guerre dans l'île de France avec la Bourdonnays, et en Amérique avec la Fayette et Rochambeau. Il devint baron de Château-Renard par son mariage avec Henriette de Thomassin de Saint-Paul, héritière de sa maison. Les premiers troubles révolutionnaires causèrent sa mort : s'étant mis à la tête de quelques hommes dévoués pour apaiser la populace, il fut assassiné à Avignon en 1792. Il venait d'être nommé ministre de France en Toscane.

François-Florent, comte de Valori, maréchal des camps et armées du roi, commandeur de l'ordre royal et militaire de Saint-Louis et de Marie-Thé-

(1) La maison du Puy-Montbrun a donné le premier grand maître à l'ordre de Saint-Jean de Jérusalem dans la personne de Raymond du Puy, et un nombre considérable de grands prieurs. Ses origines sont antiques et célèbres; dans les temps les plus anciens, elle eut un de ses ancêtres lieutenant général des armées du premier Othon, empereur de Germanie. Toutes ces dignités héroïques et chevaleresques en font la première maison de la chevalerie existant encore en France. Les marquis de Montbrun ont été lieutenants généraux, etc., et, sous le nom de Podio, la souveraine magistrature de Toscane leur a été confiée.

4.

rèse, chevalier de première classe de l'Aigle rouge, fut un des trois gardes du corps qui accompagnèrent Louis XVI pendant son voyage à Varennes. Il fut ramené sur le siége de la voiture royale, garrotté, et livré aux insultes du peuple furieux ; mais il put échapper, émigra, et dut au souvenir de l'ambassadeur la plus généreuse hospitalité. Aide de camp du général Kalkreuth, un des compagnons de gloire de Frédéric, il fit la guerre avec lui. De retour en France en 1814, il accompagna Louis XVIII dans sa fuite à Gand. Toujours le premier à cheval à l'heure de l'exil et du malheur (1), M. de Valori ne voulut pas se confondre dans la foule de tous les courtisans qui assiégèrent les Tuileries en 1815. L'héroïque garde du corps refusa la pairie, disant qu'il ne l'avait pas méritée. Le comte de Valori a laissé d'intéressants mémoires sur l'événement de Varennes.

GUY-HENRI, baron DE VALORI, général de brigade, grand officier de la Légion d'honneur, chevalier de la Couronne de Fer, frère du précédent, a fait toutes les guerres de la république et de l'empire, et

(1) L'honneur et la fidélité sont transmises avec le sang, Henri Zozime, marquis de Valori actuel, à l'âge de douze ans, se présentait à la Convention comme otage de Louis XVI, parti pour Varennes. Deux jeunes gens étaient avec lui, MM. de Narbonne et de Rochambeau. Le même marquis de Valori écrivit à Louis XVIII pour demander la pairie en faveur de M. de Guénomard qui s'était dévoué pour la cause royale ; et comme elle lui fut refusée, il fit frapper une médaille à M. de Guénomard.

se trouve sur la colonne Vendôme, ainsi que sur l'arc de triomphe de l'Étoile. Il venait d'être fait général de division, lorsque le désastre de Waterloo ramena Louis XVIII sur le trône. On raconte que les deux frères s'étant rencontrés, l'un à la tête d'un régiment français, l'autre à la tête d'un régiment prussien, se chargèrent avec fureur. Guy-Henri ne laissa qu'un fils, Scipion de Valori, jeune officier tué pendant la campagne d'Espagne du duc d'Angoulême.

MONUMENTS. — INSCRIPTIONS (1).

Les Rustichelli ont possédé de temps immémorial la chapelle majeure de l'église de San-Procolo, la principale de la cité. On trouve sur la voûte de cette chapelle cette inscription : SEPVLCHRVM FILIORVM DOMINI ORLANDI RVSTICHELLI. C'était dans la basilique de Santa-Croce, où reposent Dante Alighieri, Michel-Ange et Galilée, que les Rustichelli-Valori avaient établi leur cercueil; on y trouve cette inscription sur le monument funèbre : SEPVLCHRVM TALDI ORLANDI VALORI. On voit dans la même église le mausolée en marbre de Barthélemi Valori le Vieux. Ce monument, œuvre de Ghiberti, le célèbre auteur des portes du baptistère de Florence, est dé-

(1) On voit dans la tour de Fiesole une table en pierre sur laquelle on trouve une ordonnance d'un Rustichelli, fixant le prix du pain et des denrées. Elle est du Bas-Empire.

gradé, grâce à la négligence de ceux qui auraient dû veiller à sa conservation. Le patrice florentin est revêtu des ornements du gonfalonat ; sa tête repose sur un coussin parsemé d'étoiles ; le marbre, tout alentour, est habilement travaillé ; mais on peut à peine en découvrir les ornements. Inscription : GRAVISSIMO AC PRVDENTISSIMO CIVI PER OMNEM VITAM IN REIPVBLICÆ NEGOTIIS LAVDABILITER VERSATO SVMMISQVE HONORVM GRADIBVS FRETO BARTOLOMÆO NICOLAI TALDI VALORIS OBIIT DIE II SEPTEMBRIS M CCCC XXVII (1).

San-Procolo renferme le tombeau de François Valori le Grand. Un monument provisoire lui avait été élevé dans une des galeries de la Badia, avec cette inscription : SENATVS POPVLVSQVE FLORENTINVS CIVI SVMMO FRANCESCO SVO. En 1532, le sénateur François Valori, neveu du gonfalonier, lui fit élever un sépulcre en marbre et une statue, avec cette inscription modeste : OSSA FRANCESCI VALORII. PHIL. F. HONORANDVS MARTYR. Deux palmes entrelacées rappellent la gloire du capitaine et la sagesse du magistrat.

On voit dans l'église Saint-Silvestre, à Rome, le tombeau de Jean-Baptiste Valori, protonotaire apostolique et référendaire du sceau pontifical. C'est son père, Nicolas l'Historien, qui le lui avait fait élever. Inscription : JOHANNI BAPTISTÆ VALORIO FLO-RENTINO FILIO DVLCISSIMO ATQVE EGREGIÆ INDOLIS ADO-

(1) Voyez Pompeo Litta ; les monuments de la maison de Valori sont rapportés sur une planche coloriée.

LESCENTI NIC. PATER PIVS AC MOERENS POSVIT CONTRAVTVM
VIXIT AN. XVI MENSE UNO OBIIT DIE IX MAII M DXXII.

François Valori, le sénateur, mourut, comme
nous l'avons dit, à Rome, en 1555; sa veuve, de la
maison des Allessandri, lui fit élever un mausolée.
Inscription : DOMINO FRANCESCO VALORIO PATRICIO FLO-
RENTINO QVI VIXIT ANN. LXIII. OBIIT TERTIO NO. AV-
GVSTI M DLV ALBERIA ALEXANDRIA CONJVGI AMANTISSIMA
NON SINE MVLTIS LACRIMIS POSVIT.

Baccio Valori, le sénateur, avait fait élever dans
San-Procolo une statue à la mémoire de son oncle
Nicolas; nous ignorons ce qu'elle est devenue. La ga-
lerie du grand-duc possède un magnifique portrait
de ce grand personnage. Quant à Baccio Valori lui-
même, Florence en possède deux bustes : un de
Giovanni Paccini, dû à l'affection de sa veuve Vir-
ginia Ardinghelli; et l'autre de Vicenzo Rossi. Le
premier se trouve à l'ancien palais Valori, aujour-
d'hui palais Altoviti.

Les Rustichelli-Valori possédaient les villes et
châteaux de Montepoli, d'Empoli, de Monte-Vecchio, de Magnano et de Neri; le col Valori faisait
partie de leurs immenses domaines. A Florence, les
palais Rustichelli et Valori, une loge dans le bourg
des Saints-Apôtres et plusieurs tours fortifiées leur
appartenaient. Le palais Rustichelli-Torrigiani est
seul resté dans la maison; le palais Valori, avec
les statues et les bas-reliefs que Philippe Valori y

4*

fit construire, appartient à la maison Altoviti.

En France, les bois de Valori, près d'Anduze, chantés par Florian, rappellent l'arrivée des Florentins dans le midi de la France. On y voit une chapelle en ruine, avec les armes de Rustichelli; elle est du xve siècle.

Les mausolées de Charles-Guy de Valori au Quesnoy, et de Guy-Henri à Saint-Pierre d'Étampes, sont dus à la gratitude des concitoyens de ces deux hommes illustres.

TITRES.

Héritière de la branche tige des Rustichelli, éteinte, comme nous l'avons dit, il y a quelques années dans la personne de Lorenzo Rustichelli della Scala, la maison de Valori possède de son chef les titres : 1° de prince par la grâce de Dieu et par diplôme impérial, comme descendant en ligne directe des souverains de Fiesole et des Rustichelli-Guidi; 2° les titres de marquis d'Estilly et de Lecé par lettres patentes du 15 juin 1652 et du 30 mars 1784, enregistrées à la cour des comptes; 3° de comte de Bleneau-lez-Toul, lettres patentes du 2 août 1678; 4° de comte de Piove, par investiture du doge de Venise, du 21 avril 1780.

Elle possède par transmission féminine les titres
de comte della Scala ou de Vérone, de marquis de
Saint-Paul (1), de Rognac et de Montglat, de
Pernes et d'Hyères, de vicomte de Reillanne et de
baron de Château-Renard ; ces six derniers titres
proviennent du mariage de Louis-Marc-Antoine de
Valori, marquis d'Estilly, avec Henriette de Thomassin de Saint-Paul (2), héritière de sa maison.

Tous ces titres appartiennent à Henri-Zozime,

---

(1) Les terre et château de Saint-Paul furent érigés en marquisat par édit du roi, daté de Versailles de mai 1682, enregistré
le 16 juillet 1682.

(2) Thomassin de Saint-Paul. La branche la plus illustre de la
très-antique maison de Thomassin est celle des marquis de
Saint-Paul. La maison de Thomassin, originaire du comté de
Bourgogne, possédait de grands fiefs dès le xie siècle. Saint Bernard adressa à Jean de Thomassin, qui rassemblait ses vassaux
pour la croisade, une lettre commençant par ces mots : « Johanni
Thomassino, antiquo christiano Burgundiæ baroni, salus et
honos. » Alliés aux plus grandes maisons, les Thomassin occupèrent le premier rang en Bourgogne, Franche-Comté, et en Allemagne ; au xive siècle, une partie de leur famille vint s'établir en
Provence. Les descendants de Thomassin formèrent les branches
de Saint-Paul, de Peinier, de Mazaugues, de Taillas et de la
Garde. Robert de Briançon assure qu'aucune famille en France
n'a fourni autant de magistrats, en ayant compté vingt et un,
savoir : huit conseillers, six présidents et un avocat général au
parlement, deux conseillers et quatre avocats généraux en la cour
des comptes, aides et finances de Provence. Les seigneuries de
Saint-Paul et de Peinier furent érigées pour eux en marquisats.
La branche de Peinier s'est éteinte dans la famille de Forbin
d'Oppède, et celle des marquis de Saint-Paul, marquis de Montglat, barons de Château-Renard, etc., s'est éteinte dans la maison

marquis de Valori d'Estilly, qui substitua son fils aîné à son droit au titre de prince.

Le 1er janvier 1846, Charles-Ferdinand-Louis, comte de Valori, ajouta à son titre celui de prince Rustichelli ; il y avait six cents ans que Taldo Rustichelli avait abandonné ce nom pour celui de Valori. Cependant ses descendants ne l'avaient pas oublié, car au xve siècle Jean de Valori déclarait, devant l'intendance de Chinon, que son abbaïeul avait été vice-roi de Calabre, et que ses ancêtres avaient été souverains à Fiesole. Au xviie siècle, Charles-Guy de Valori, lieutenant général, ayant reconquis par son épée et celle de son père la position naturelle à sa naissance, réclamait les droits acquis par son origine illustre et princière. On trouve dans les registres de la cour des comptes, fol. 93, reg. 15 :

« Sur la requête à nous présentée par messire Charles-Guy, marquis de Valori, chevalier seigneur de la Chaire, lieutenant général des armées du roi, gouverneur du Quesnoy, grand-croix de l'ordre de Saint-Louis, contenant qu'il est issu d'une très-noble et très-antique famille de Florence qui, dès

---

dont nous écrivons l'histoire. La branche de Thomassin de Montbel existe encore.

Les armes de Thomassin de Saint-Paul sont d'azur à la croix d'or nouée ; de sable aux faux d'or sans nombre, en abîme.

le xıvᵉ siècle, a donné des gonfaloniers à cette république, et jadis des souverains à Fiesole ; que ses ancêtres, qui ont suivi le parti des rois de Naples de la maison d'Anjou, se sont établis en France à la fin du xıvᵉ siècle, où ils ont fait plusieurs belles alliances, dont il descend en droite ligne ; qu'ils ont toujours été qualifiés dans tous les actes de nobles, de chevaliers, et souvent de très-hauts et très-puissants seigneurs, ainsi qu'il se justifie par les copies authentiques de plusieurs actes ci-joints.

« En foi de quoi nous avons ordonné que ladite requête serait valable et enregistrée. » Arrêt du conseil, 1722.

ALLIANCES.

Alliances souveraines. — La maison de Valori est alliée à la maison de Bourbon (1) par Paolo-An-

(1) Les familles nobles de France qui se sont le plus rapprochées de la famille royale par leurs alliances sont, dans l'ordre suivant, les Maillé, par Claire-Clémence de Maillé-Brézé, princesse de Condé ; les Beauvau, par le mariage d'Isabeau de Beauvau avec Jean de Bourbon, comte de Vendôme; et les Valori, par le mariage de Paolo avec Costanza de Médicis. Par ce mariage quasi royal, Paul devenait l'arrière-grand-oncle de Louis XIV ; et si on se demande alors pourquoi la maison de Valori, si glorieusement alliée, si féconde en officiers généraux, n'a pas été revêtue de la duché-pairie et de la dignité de maréchal, nous ferons observer que les Sabran, qui ont donné des comtes à Forcalquier et une comtesse à la Provence, sont restés dans l'obscurité jusqu'à l'avénement de Charles X ; que les d'Agoult, ces grands feudataires de Provence, sont demeurés à l'ombre des faveurs royales ; nous in-

tonio Valori, de son mariage avec Constance de Médicis, tante de Marie de Médicis, femme de Henri IV;
à la maison de Valois par Renée de Champagne,
femme de Jean de Valori d'Estilly ; à la maison
d'Anjou par cette même Renée, nièce de Jeanne de
Laval, femme de René d'Anjou ; à la maison de
Savoie-Carignan par les Clermont d'Amboise; à la
maison de Bragance par Antoinette de Voyer d'Argenson*, de son mariage avec Louis, marquis de
Valori d'Estilly; à la maison de Souabe par le mariage du comte Godefridus Rustichelli-Guidi, surnommé *le Bossu*, avec la comtesse Matilde de Toscane ; à la maison d'Aragon par Barthélemi Valori, seigneur de Marignane, de son mariage avec
Césarée d'Arelata, petite-nièce de Bozon, roi d'Arles;
enfin, à la maison anglo-normande par le mariage
de Louis de Valori avec Catherine de Brisai, descendant en ligne directe de Guillaume le Conquérant.

Alliances du second ordre. — Elle est alliée *directement* aux maisons Aldobrandini, Strozzi, Salviati, Corsini, Malatesta, Médicis, della Scala,
Albizzi, Pazzi, Pallavicini, Fiesque de Champagne,

voquerons la fameuse lettre du grand Frédéric sur le marquis de
Valori (citée dans cet ouvrage), et nous rappellerons le mot du
duc de Sabran à Charles X : « Sabran, tu sais, je t'ai fait duc !
— Sire, cela n'y fait ni plus ni moins. »

« Mon cousin, écrivait le cardinal Louis-Marie Valori-Torrigiani
« au marquis de Valori, il faut laisser à Dieu le soin de toute
« chose : votre nom brillera un jour comme le soleil de Florence,
« votre première patrie. »

de Montmorency-Laval*, de la Rochefoucauld *, de la Trimoille, de Coislin *, de Maillé, de Villeneuve-Trans*, de Thomassin* et du Puy-Montbrun *. *Indirectement*, aux maisons de Choiseul-Praslin, de Durfort-Lorges, de Montmorency-Luxembourg *, Tingri, Tancarville et Fosseuse, de Châtillon, de Beauvau, de Rohan, de Clermont d'Amboise, de Lusignan* (1), de Rieux et de Baroncelli-Javon, de Montrevel, de Cadaval et de Lafoëns * de la maison de Bragance, de Mailly *, de Maillebois, de Montgommeri, de Grimoard-du-Roure, de Caumont-la-Force et d'Harcourt-Beuvron * (2).

Dans l'histoire de la maison de Valori, trois noms se répètent si souvent par leurs alliances, qu'ils méritent une mention spéciale : ce sont les Albizzi, les Médicis et les Maillé. Les Albizzi ou

(1) La seule branche existante de la maison de Lusignan est celle des barons de Couhé, détachée, en 1180, du grand et illustre tronc des rois de Chypre et de Jérusalem, comtes de la Marche.

(2) Voici encore des noms de familles alliées à la maison de Valori indirectement : d'Albertas, d'Ambrugeac, de Bec-de-Lièvre, de Chabrillant, de Chavagnac, Desjumeaux-Despérières, de Forbin d'Oppède, de Fontenoy, de Lescoët, de Langle, de Marbeuf, de Pénélé, de Sergeant-d'Hendecourt, de Sade, de Ternay, de Tramecourt, de Villeneuve-Bargemont, de Kergorlay, de Plas, du Luart, de Penhoët, de Kérifily, de Tronjoly, de Bitien, de Kersauson, de Boisselin, de Quatrebarbes, de Martigny, de Talhouët, de Verthamon et de Caumartin (a).

(a) Dans toutes les catégories d'alliances que nous venons de donner, tout nom marqué d'un astérisque indique une famille dans laquelle la maison de Valori trouve encore des parents aux quatrième et cinquième degrés.

Alessandri (voyez Scipion Ammirato) sont alliés trois fois aux Valori. Gio-Antonio Albizzi épousa Camilla Valori ; Nicolla Albizzi Dianora Valori, fille de François Valori le Grand, et François Valori le neveu épousa en secondes noces Albiera Albizzi.

Les Médicis s'y sont également alliés trois fois. Valore Rustichelli-Valori épousa Ostia de Médicis ; Isabella Valori, fille de Bartolomeo Valori et de Catarina di Pazzi, sœur de la sainte Madeleine de ce nom, épousa Braccio de Médicis ; et Paolo-Antonio Valori, comme nous l'avons dit, épousa Costanza de Médicis.

Quant à la maison de Maillé, alliée une seule fois *directement* à la maison de Valori, elle y est alliée sept fois indirectement (1) !...

(1) *a.* Les jugements qui ont été portés sur la maison de Médicis ont été divers, contradictoires, et la plupart erronés. Les libellistes de Catherine de Médicis et du Journal de l'Estoile ont essayé de ravaler leur origine ; les adulateurs de la tyrannie les ont exaltés d'une façon ridicule : l'impartiale histoire dira que la république de Florence était un temple soutenu par de belles colonnes d'égales hauteurs ; que la famille Médicis, comme celles Aldobrandi-Strozzi, Valori, etc., était une de ces colonnes, ni plus ni moins qu'un jour le pape et l'empereur l'élevèrent au-dessus des autres, malgré les généreux efforts de deux grands hommes, François Valori et Philippe Strozzi, et qu'alors elle a donné des grands-ducs à la Toscane, trois papes à la chrétienté, et deux reines à l'auguste héritage de saint Louis.

b. Nous allons citer quelques-unes des alliances indirectes de la maison de Valori avec celle de Maillé.

1. Marie de Maillé, des seigneurs de Brézé et de Béhénard, fille de Péan, seigneur de Maillé et de Milli le Mougin, chambellan du roi René de Sicile, et de

ARMES.

Écartelé aux 1 et 4 de sable, à l'aigle au vol
éployé d'argent, chargé de quatre croissants de sable, trois en chef, dont un sur l'aile dextre, un sur
l'aile senestre, un sur la poitrine et le quatrième en
pointe sur le ventre, et d'une croix aussi sur l'es-
tomac, qui est de Rustichelli-Valori ; aux 2 et 3
d'or, au laurier de sinople, au chef de gueules, qui
est de l'entrée en France ; sur le tout de gueules, à
l'aigle au col abaissé de sable et à la bordure d'or,
pièce à enquérir, qui est des Rustichelli-tige, et
qui, d'après Cavalcanti et Vincenzio Borghini, ne
serait autre chose que l'aigle romaine du labarum
de Constantin, prise pour enseigne par les premiers
Rustichelli.

Marie de Maillé, sa cousine, fille de Hardouin VII, baron de Maillé et de Mahaud,
le Voyer de Paulmi d'Argenson, épousa Gilles de Clérembault, seigneur de Richelieu. Gilles eut pour fils Guérin de Clérembault, seigneur de Maupas, qui épousa
Jeanne de Valori, fille de Jean de Valori, seigneur d'Estilly, et de Renée de
Champagne, des comtes de Champagne. Sa fille, Suzanne de Clérembault, épousa
Hélénus de Valori, capitaine-lieutenant des chevau-légers de Louis de Bourbon,
premier du nom, prince de Condé ; les descendants d'Hélénus sont ainsi issus en
ligne directe et maternelle de Marie de Maillé.

    2. Charles de Maillé, dit *de la Tour*, marquis de Jalesnes, premier baron de
Touraine, épousa, le 30 novembre 1663, Bonne-Marie-Madeleine de Broc, tante de
Gabrielle-Élisabeth des Escotais, fille de Michel-Séraphin des Escotais, comte de
Chantilly, et de Louise-Élisabeth de Montmorency-Laval, sœur de Claude Rolland
de Montmorency-Laval, maréchal de France. Cette Gabrielle-Élisabeth épousa, le
2 mai 1736, Marc-René-Alexis, marquis de Valori d'Estilly.

    3. Henri de Ghesnes, comte de Bourmont, épousa, en 1704, Marie-Hélène de
Maillé-Latour-Landry ; son fils Louis-Henri de Ghesnes épousa, en 1736, Perrine
de Valori, tante du marquis de Valori actuel.

Les Guelfes portaient sur leur bannière l'aigle d'argent sur fond de sable, ce qui est d'accord avec l'histoire des Rustichelli, qui nous apprend que ces seigneurs étaient les chefs naturels de ce parti.

L'aigle de Rustichelli se trouve sur les portes de Pise, sur les voûtes de San-Procolo, de Santa-Croce et de Santa-Maria Novella, à Florence ; sur la tour de Fiesole dès l'époque du Bas-Empire.

Supports. Deux aigles portant quatre gonfanons, deux rouges et deux noirs.

Manteau mi-rouge, semé d'étoiles d'or, qui est de gonfalonier ; mi-noir, semé d'aigles d'argent, qui est de Rustichelli.

Timbre de marquis sur le manteau, et de prince au cimier, comme descendants de maison souveraine et comme ayant donné des chefs à l'État florentin. A ces deux titres, toutes les branches de la maison de Valori doivent porter la couronne de prince sur leurs armes.

Cri de guerre : *Gloria Valori!*

Devises : *Jam clara resurgo*, des Rustichelli de Venise, et *Aquilæ Valori laurus*, devise donnée par le roi René d'Anjou aux Valori, à leur entrée en France.

Exergue : *Senatus populusque florentinus* (1).

(1) La maison de Valori a droit (nous l'avons déjà dit) d'écarteler, dans ses armes, de France et d'Angleterre. Elle peut également porter en abîme la tiare d'or et les clefs de saint Pierre, en mémoire des papes saint Innocent et Innocent V. On peut remarquer que

ORTHOGRAPHE DU NOM.

Dans les registres et chartes de la cour des comptes, aides et finances de Provence, le nom de Valori est indistinctement orthographié, variant quelquefois dans le même acte : Valory, Vallory, Vallorii, Vallori, Valoris; mais le plus souvent Valori, qui est l'orthographe naturelle de ce nom. Dans l'histoire de France il paraît souvent avec un *y*; mais on doit observer que les Français ont l'habitude de convertir l'*i* en cette lettre. On trouve les noms de Strozzi, de Baroncelli et de Gondi orthographiés Strozzy, Baroncelly, Gondy. Nous faisons ces observations, parce que nous voulons satisfaire à la critique la plus rigoureuse.

CHEF DE NOM ET D'ARMES.

Le chef actuel de nom et d'armes de la maison de Rustichelli-Valori est Henri-Zozime, marquis de Valori d'Estilly, patrice héréditaire de Florence, qui a substitué, à ses droits au titre de prince Rustichelli, Charles, comte de Valori, son fils aîné, marié à Anne-Aglaé de Taillepied de Bondy.

l'aigle est l'emblème de la maison Rustichelli ; presque toutes les branches l'ont porté ; l'aigle Rustichella était l'enseigne romaine ; elle fut l'enseigne des Guelfes, et, aujourd'hui encore, l'aigle rouge des Rustichelli-Guidi est sur l'écusson de la ville de Florence.

5

De son mariage avec Anne-Caroline Trochon (1),
des seigneurs de Laudigeois, sont issus :

Françoise de Valori, mariée à Ferdinand, marquis de Beausset-Roquefort (2);

Charlotte de Valori, morte sans être mariée ;

Jenny de Valori, mariée à James de Chaumont, marquis de Saint-Paul (3);

Charles, comte de Valori et prince Rustichelli,

(1) Trochon. Famille de haute bourgeoisie, anoblie par lettres
patentes de Louis XIV; elle compte depuis cette époque des conseillers, des procureurs et autres officiers de justice, un chevalier
du Saint-Sépulcre. Elle a possédé la seigneurie de Laudigeois, et
s'est alliée aux maisons de Tresmes, du Bec de Launay, de Vil-
leroy.

(2) Beausset. Antique maison de Provence, dont l'origine se
confond avec celle de la maison de Baux. Il existe, dans un bourg
nommé le Beausset, une chapelle du XIIᵉ siècle où se trouvent les
armes de cette famille. Elle a possédé pendant trois siècles le
gouvernement du château d'If et du port de Marseille; et lorsque
le roi Charles IX fit son entrée dans cette ville, c'est à l'hôtel
Beausset qu'il descendit avec Catherine de Médicis.

La maison de Beausset a été appelée à la duché-pairie en 1815,
dans la personne du cardinal-duc de Beausset, commandeur des
ordres du roi, président du conseil de l'Université, et illustre historien de Bossuet et de Fénelon. C'est peut-être la famille qui a
donné le plus de prélats à la France : elle compte un cardinal, un
archevêque d'Aix, un évêque d'Alais, un évêque de Béziers, deux
de Fréjus, et un de Vannes.

(3) En vertu des lettres patentes de Louis XIV, portant érection
en marquisat pour la terre de Saint-Paul, et autorisant la transmission féminine, le marquis de Valori, par contrat de mariage,
a autorisé son gendre James de Chaumont à prendre le titre de
marquis de Saint-Paul, pour lui et la descendance issue de son
mariage avec Jenny de Valori, sa femme, à l'exclusion des enfants d'un autre lit.

marié à Anne-Aglaé de Taillepied de Bondy (1).

Roland de Valori, marquis de Lécé;

Henriette de Valori;

(1) Taillepied. La maison de Taillepied est d'illustre chevalerie, et une des plus anciennes de la Normandie. De nombreux documents lui donnent une communauté d'origine avec les Taisson, puissants feudataires du Cotentin, dont la famille était issue d'un Raoul d'Anjou. La filiation de la maison de Taillepied remonte à Rodulphe, que l'on voit figurer, en 1047, comme compagnon d'armes de Néel, vicomte de Coutances, qu'il accompagna dans son exil à Guernesey, après la bataille du Val-des-Dunes, livrée par Néel contre son suzerain Guillaume le Conquérant.

« Il existait, dit M. Dubosc, archiviste de la Manche, des rap- « ports si intimes entre la famille des vicomtes du Cotentin et la « famille Taillepied, que tout porte à croire qu'elles avaient une « consanguinité, ou du moins une parenté par alliance. »

Parmi les nombreux faits historiques qui sont relatifs à cette maison, on peut encore citer ceux qui suivent:

En 1248, Thomas de Taillepied fréta, avec d'autres chevaliers, le navire *la Pénitence*, et prit part à l'expédition dirigée par saint Louis et ses frères contre Damiette. En 1349, Colin de Taillepied, chevalier banneret, et ses onze écuyers, faisaient partie du corps d'armée commandé par les maréchaux de France Mathieu de Trie et Robert Bertrand, sire de Briquebdec, qui furent envoyés en Flandre pour dégager la ville de Cambray, devant laquelle Édouard III, roi d'Angleterre, venait de se présenter avec cent vingt mille combattants.

On voit aussi, dans le livre III des [Grandes Chroniques de Froissart, que Pierre de Taillepied, chevalier, fut chargé, en 1388, de défendre la place de la Rochelle contre les Anglais. Lorsqu'il apprit leur débarquement à Marans, il réunit à peu près 2,000 hommes, surprit leur camp, et leur fit essuyer une grande perte. Au retour de cette sortie, s'étant placé courageusement à l'arrière-garde pour veiller à la retraite des siens, il eut son cheval tué sous lui, et fut grièvement blessé d'un coup d'épée et d'une flèche à la tête.

Dans les guerres de la Ligue, Jacques de Taillepied se signala

5.

Henri, vicomte de Valori, actuellement au service.

De son mariage avec N. Dauger, Gabriel de Valori a laissé un fils, Louis de Valori.

parmi les plus fidèles partisans de Henri IV, en conservant au roi la ville de Mantes, assiégée par le duc de Mayenne.

La noblesse d'extraction et d'origine chevaleresque de la maison de Taillepied lui a été maintenue en 1463, lors de la recherche faite en Normandie par Raymond de Montfauld ; elle lui fut confirmée de nouveau en 1697.

Dans ce dernier siècle, la famille s'est partagée en deux branches principales, celle de Taillepied de Bondy, et celle de Taillepied de la Garenne.

Charles-Claude, comte de Taillepied de Bondy, auteur d'une des deux branches de Bondy, fut condamné à mort et forcé de quitter la France par suite de son dévouement à la cause royale, qui le fit se mettre à la tête d'une des sections de Paris soulevées contre la Convention (vendémiaire 1795).

Le comte de Bondy n'a laissé qu'un fils, Jules-Louis-Émile-Robert, comte de Taillepied de Bondy, chevalier de la Légion d'honneur, commandeur des ordres de Saint-Jean de Jérusalem d'Espagne, de Charles III et d'Isabelle la Catholique, secrétaire de la légation de France en Danemark, et un des membres distingués du corps diplomatique. Le comte de Bondy a épousé, le 19 mars 1855, Giovana Riario-Sforza, fille du marquis Riario-Sforza, envoyé extraordinaire et ministre plénipotentiaire du roi des Deux-Siciles près de S. M. Catholique et de S. M. Très-Fidèle, d'une maison qui a donné un grand nombre de cardinaux au sacré collége, et qui, comptant parmi les premières familles princières du royaume de Naples, descend par les femmes des Sforzes, ducs de Milan.

Titres. Comte pour la branche aînée en vertu des lettres patentes de 1757, et pour la branche cadette par lettres de l'empereur Napoléon.

Armes d'azur, à trois croissants d'or, au chef cousu de gueules,

De son mariage avec N. de Montaigu, le comte Adolphe de Valori, officier supérieur des Cent-Suisses, a laissé une fille, Césarée de Valori, mariée au comte Ernest de Coislin, d'une race héroïque et militaire, dont le souvenir est évoqué par les plus beaux temps de notre histoire.

Du Cambout de Coislin. Très-ancienne et très-illustre maison de chevalerie de Bretagne; elle compte pour premier ancêtre Césène du Cambout, qui accompagna le vicomte de Narbonne à la première croisade; il prouve sa descendance depuis Alain du Cambout, premier du nom, qui vivait en 1180. Depuis cette époque, la maison de Coislin a tenu rang en Bretagne immédiatement après celle de Rohan.

Illustrations. Elle compte dans les temps les plus reculés des chevaliers bannerets, des échansons du roi et des ducs de Bretagne, des chevaliers de l'ordre de Saint-Michel, des capitaines de cinquante et cent hommes d'armes des ordonnances; des grands veneurs et des grands maîtres des eaux et forêts de Bretagne, des gouverneurs de places; et dans les temps postérieurs, des lieutenants généraux des armées du roi, et des chevaliers du Saint-Esprit.

Honneurs de la cour en 1751, en vertu de preuves faites au cabinet du roi.

chargé de trois molettes d'or. Couronne de marquis. Cimier, une aigle. Supports, deux aigles couronnées. Devise : *Aspera non terrent.*

Duché-pairie. La seigneurie de Coislin fut érigée en marquisat par lettres du mois d'août 1634, en faveur de César du Cambout, comte de Crécy, colonel général des Suisses et Grisons, et lieutenant général des armées du roi ; elle fut unie aux baronnies de Pont-Château et de la Roche-Bernard, et érigée en duché-pairie en faveur de son fils Armand du Cambout, chevalier des ordres du roi, un des lieutenants généraux qui donnèrent le plus de valeur à la monnaie de M. de Turenne, par lettres du mois de décembre 1663.

Titres. La seigneurie de Carheil fut érigée en vicomté par lettres de juin 1658, en faveur de René du Cambout. La branche de Coislin possède, en outre, les titres de baron-né des États de Bretagne et de premier baron de Champagne.

Prélature. Pierre du Cambout, cardinal-évêque d'Orléans, grand aumônier de France, commandeur des ordres du roi, mort en 1716 en odeur de sainteté. Henri du Cambout de Coislin, duc et pair, évêque de Metz et commandeur des ordres du roi.

Armes. De gueules à trois fasces, échiquetées d'argent et d'azur, à deux tires. *Timbre*. Couronne ducale. *Devise*. Quia fortis !

Le chef de nom et d'armes de la maison de Coislin est Adolphe du Cambout, marquis de Coislin, premier baron de Champagne.

LISTE

Des grands gonfaloniers ou doges que la maison de Rustichelli a donnés à la république de Florence (1).

Gozo Rustichelli-Guidalotti. 1293, l'année même de l'institution.
Cante Rustichelli-Guidalotti. 1295.
Benedetto Rustichelli-Torrigiani. 1300.
Giovanni Rustichelli. 1316.
Vanni Rustichelli-Migliore. 1344.
Giovanni Rustichelli-Raffacani. 1348.
Maso Rustichelli-Valori. 1333.
Taldo Rustichelli-Valori. 1349.
Barna Rustichelli-Valori, surnommé Valorini. 1359.
Massaiozzo Rustichelli-Raffacani. 1376.
Nicolas Rustichelli-Valori. 1367.
Lionardo Rustichelli-Raffacani. 1381.
Bartolomeo Rustichelli-Valori. 1403.
Bartolomeo Rustichelli-Valori. 1409.
Bartolomeo Rustichelli-Valori. 1421.
Nicolas Rustichelli-Valori II. 1436.
Francesco Rustichelli-Valori. 1484.
Francesco Rustichelli-Valori. 1489.
Francesco Rustichelli-Valori. 1493.
Francesco Rustichelli-Valori. 1497.

> Ce grand homme, de 1484 à 1498, année de sa mort, régna dans la ville par son autorité et ses vertus.
>
> MACHIAVEL, OEuvres politiques.

Baccio Rustichelli-Valori, gonfalonier perpétuel. 1524.

----

(1) Cette liste a été dressée sur les prioristes de Florence, sur la liste donnée par Giovanni Cambi, et sur le prioriste manuscrit appartenant à M. le marquis de Baroncelli-Javon. Il en est de même pour celle des hauts prieurs que nous donnons après.

LISTE CHRONOLOGIQUE

Des hauts prieurs que la maison de Rustichelli a donnés à la république
de Florence.

Tetaldo Rustichelli. 1286.
Giovanni Rustichelli. 1297.
Giovanni Rustichelli. 1301.
Giovanni Rustichelli. 1305.
Battaglizzo Rustichelli. 1306.
Giovanni Rustichelli. 1309.
Giovanni Rustichelli. 1311.
Giovanni Rustichelli. 1317.
Giovanni Rustichelli. 1320.-
Francesco Rustichelli. 1342.
Rinaldo Rustichelli. 1346.
Maso Rustichelli–Valori. 1318.
Maso Rustichelli-Valori. 1321.
Maso Rustichelli-Valori. 1323.
Maso Rustichelli-Valori. 1325.
Maso Rustichelli-Valori. 1328.
Maso Rustichelli-Valori. 1331.
Taldo Rustichelli–Valori. 1322.
Taldo Rustichelli-Valori. 1329.
Taldo Rustichelli-Valori. 1335.
Taldo Rustichelli-Valori. 1338.
Nicollo Rustichelli–Valori I. 1340.
Bartolomeo Rustichelli-Valori I. 1366.
Bartolomeo Rustichelli-Valori I. 1393.
Bartolomeo Rustichelli–Valori I. 1402.
Bartolomeo Rustichelli-Valori I. 1408.
Nicollo Rustichelli-Valori II. 1420.
Bartolomeo Rustichelli–Valori II. 1425.
Francesco Rustichelli-Valori I. 1436.

Francesco Rustichelli–Valori I. 1469.
Francesco Rustichelli–Valori I. 1478.
Francesco Rustichelli–Valori I. 1484.
Francesco Rustichelli–Valori I. 1485.
Francesco Rustichelli–Valori I. 1488.
Nicollo Rustichelli–Valori III. 1493.
Nicollo Rustichelli–Valori III. 1496.
Bartolomeo Rustichelli–Valori III. 1502.
Nicollo Rustichelli–Valori III. 1506.
Bartolomeo Rustichelli–Valori III. 1507.
Nicollo Rustichelli–Valori III. 1512.
Bartolomeo Rustichelli–Valori III. 1520.
Bartolomeo Rustichelli–Valori III. 1524.
Francesco Rustichelli–Valori II. 1528.
Philippo Rustichelli–Valori. 1530.

Lapo Rustichelli–Valori, surnommé Valorini. 1309.
Lapo Rustichelli–Valorini. 1313.
Valorinus Rustichelli–Valorini. 1325.
Valorinus Rustichelli–Valorini. 1328.
Rinieri Rustichelli–Valorini. 1333.
Barna Rustichelli–Valorini. 1359.
Barna Rustichelli–Valorini. 1362.
Barna Rustichelli–Valorini. 1368.
Barna Rustichelli–Valorini. 1377.
Valorino Rustichelli–Valorini II. 1396.

Marchione Rustichelli–Torrigiani. 1389.
Giano Rustichelli–Torrigiani. 1438.
Giano Rustichelli–Torrigiani. 1442.
Giano Rustichelli–Torrigiani. 1448.
Giano Rustichelli–Torrigiani. 1454.
Giano Rustichelli–Torrigiani. 1459.
Giano Rustichelli–Torrigiani. 1462.
Benedetto Rustichelli–Torrigiani. 1300.

Benedetto Rustichelli-Torrigiani. 1390.
Benedetto Rustichelli-Torrigiani. 1402.
Antonio Rustichelli-Torrigiani. 1454.
Torrigiano Rustichelli-Torrigiani. 1462.
Lucca Rustichelli-Torrigiani. 1464.
Benedetto Rustichelli-Torrigiani II. 1470.
Torrigiano Rustichelli-Torrigiani II. 1496.
Raffaele Rustichelli-Torrigiani. 1526.
Massaio Rustichelli-Raffacani. 1281.
Massaio Rustichelli-Raffacani. 1287.
Massaio Rustichelli-Raffacani. 1291.
Massaio Rustichelli-Raffacani. 1302.
Catellino Rustichelli-Raffacani. 1301.
Massaio Rustichelli-Raffacani II. 1304.
Massaio Rustichelli-Raffacani II. 1307.
Catellino Rustichelli-Raffacani. 1310.
Catellino Rustichelli-Raffacani. 1317.
Chinozzo Rustichelli-Raffacani. 1322.
Chinozzo Rustichelli-Raffacani. 1349.
Giovanni Rustichelli-Raffacani. 1352.
Giovanni Rustichelli-Raffacani. 1356.
Massaiozzo Rustichelli-Raffacani. 1364.
Massaiozzo Rustichelli-Raffacani. 1368.
Lionardo Rustichelli-Raffacani. 1369.
Massaiozzo Rustichelli-Raffacani. 1374.
Massaiozzo Rustichelli-Raffacani. 1376.
Lionardo Rustichelli-Raffacani. 1381.
Stefano Rustichelli-Raffacani. 1399.
Lorenzo Rustichelli-Raffacani. 1401.
Lorenzo Rustichelli-Raffacani. 1408.
Antonio Rustichelli-Raffacani. 1413.
Antonio Rustichelli-Raffacani. 1422.
Antonio Rustichelli-Raffacani. 1433.

Cante Rustichelli-Guidalotti. 1296.

Simone Rustichelli-Guidalotti. 1298.
Simone Rustichelli-Guidalotti. 1301.
Lippo Rustichelli-Guidalotti. 1342.
Lippo Rustichelli-Guidalotti. 1343.
Zanobi Rustichelli-Guidotti. 1400.
Thommaso Rustichelli-Guidotti. 1403.
Chimenti Rustichelli-Guidotti. 1405.
Thommaso Rustichelli-Guidotti. 1410.
Migliorino Rustichelli-Guidotti. 1415.
Chimenti Rustichelli-Guidotti. 1418.
Chimenti Rustichelli-Guidotti. 1427.
Antonio Rustichelli-Guidotti. 1436.
Antonio Rustichelli-Guidotti. 1441.
Francesco Rustichelli-Guidotti. 1445.
Zanobi Rustichelli-Guidotti. 1449.
Antonio Rustichelli-Guidotti. 1453.
Migliore Rustichelli-Guidotti. 1461.
Lionardo Rustichelli-Guidotti. 1468.
Luigi Rustichelli-Guidotti. 1478.
Lionardo Rustichelli-Guidotti. 1480.
Andræa Rustichelli-Guidotti. 1498.
Bernardo Rustichelli-Guidotti. 1501.
Zanobi Rustichelli-Guidotti II. 1517.
Zanobi Rustichelli-Guidotti. 1522.
Antonio Rustichelli-Guidotti. 1526.
Girolamo Rustichelli-Guidotti. 1529.
Giano Rustichelli-Guidotti. 1531.

Antonio Rustichelli-Guidi. 1395.
Antonio Rustichelli-Guidi. 1400.
Antonio Rustichelli-Guidi. 1411.
Christofano Rustichelli-Guidi. 1415.
Domenico Rustichelli-Guidi. 1417.
Antonio Rustichelli-Guidi. 1422.
Christofano Rustichelli-Guidi. 1423.
Christofano Rustichelli-Guidi. 1427.

Lione Rustichelli-Migliore. 1334.
Vanni-Rustichelli-Migliore. 1344.

NOMS

Des familles qui se sont alliées à la maison de Rustichelli-Valori, soit en Italie,
soit en France (1).

ITALIE.

Adimari.

Albizzi.

Aldobrandini.

Allessandri.

Antinori.

Ardinghelli.

Bandini.

Bardi.

Buondelmonti *.

Canigiani.

Cornaro * (des doges de Venise).

Donati.

Giugni.

Lanfredini.

Malatesta de Rimini.

Macinghi.

Médicis.

Pallavicini.

Pazzi.

Pucci.

Salviati.

Soderini.

Scala * (della) (des comtes de Vérone).

Zanchini-Castignioletti (2).

FRANCE.

Alvarez d'Albe de Roquemartine *.

D'Arlatan *.

De la Bobanière.

De Brisai *.

De Buffevant *.

(1) Le marquis de Valori d'Estilly possède tous les contrats de mariages et autres actes tabellionés de sa branche, depuis 1342, à savoir depuis le partage des biens de Taldo, d'Orlando, de Tommaso et de Guido Rustichelli.

(2) Nous ne donnons pas le nom des alliances italiennes postérieures à l'année 1687 et celles des autres branches de Rustichelli, parce que nous n'avons pu encore les vérifier.

De Butler.

Le Camus.

De la Chaire.

De CHAMPAGNE * (des comtes de Champagne).

De la Chapelle.

Du Cellier.

De Cumont.

Dauger.

Dauray de Sainte-Poix.

Des Escotais de Chantilly *.

Du Feuillet.

De Fossai.

De Goué.

De la Grandière *.

De la Hautonnière.

Le Lièvre.

De Maillé *.

De Marcillé.

De Montbarec.

De Montmorency-Laval *.

De Montaigu.

De Montalembert *.

De Montsoreau.

Du Plessis d'Argentré *.

De Reillac.

De Raigecourt *.

De la Rochefoucauld *.

Le Roux de la Roche aux Aubiers.

DE SOUABE * (Maison impériale).

De Taillepied de Bondy *.

Trochon de Laudigeois.

De Thomassin de Saint-Paul *.

De Villeneuve (Boisgrauleau).

De Villeneuve-Trans.

De Voyer de Paulmi d'Argenson * (1).

(1) Voyer de Paulmi d'Argenson. Cette maison, dont le nom primitif est le Voyer, est à la Touraine ce que les sénéchals de Kerkado sont à la Bretagne. En effet les seigneurs de Paulmi furent héréditairement les voyers ou grands baillis de Touraine, et le nom de Voyer leur est resté. Le nom d'Argenson est attaché au siècle de Louis XV, comme celui d'Amboise à celui de Louis XII, commé celui de Montmorency à celui de Henri II. Les d'Argenson occupèrent toutes les charges de l'État. L'un fut ministre de la guerre, l'autre ministre des affaires étrangères, le troisième eut le ministère d'État et de police. Ce n'était pas tout : la dignité de garde des sceaux et la charge de grand chancelier de l'ordre de Saint-Louis furent illustrées par eux. Bref, René de Voyer-d'Argenson, garde des sceaux, et sa sœur Antoinette-Catherine, marquise de Valori, furent tenus sur les fonts baptismaux par la république de Venise, qui voulait honorer leur père, ambassadeur du roi très-chrétien près l'Adriatique. La maison d'Argenson est la seule de la monarchie qui ait le droit de poser en abîme, sur son noble écu, le lion de Saint-Marc. Déjà le nom de Voyer s'était trouvé dans l'histoire à côté de celui de Valori : lorsque Gabriel de Valori alla offrir son épée aux princes de la maison d'Anjou, il trouva les seigneurs de Voyer et de Maillé parmi ses compagnons de gloire. (Alban de Villeneuve-Bargemont, *Hist. du roi René.*)

NOMS

Des familles auxquelles la maison de Rustichelli-Valori s'est alliée soit en France, soit en Italie.

ITALIE.

Albizzi.
Allessandri.
Altoviti.
Carducci.
Carnesecchi.
Cavali.
Cavalcanti.
Corsini.
Gherardi.
Ginori.
Gondi.
Gualterctti.

Guicciardini.
Médicis.
Nardi.
Nerli.
Pandolfini.
Pitti.
Rinaldini.
Ruccelai.
Sassetti.
Strozzi.
Taddei.
Tornabuoni.

FRANCE.

De Beaunay.
De Beausset-Rocquefort *.
De Bouy de Mazin.
Du Breuil-Hélion.
De Chastellar.
De Chaumont.
De Clérembault.
De Coislin *.
De la Croix de Castries *.
Dupleix (du vice-roi des Indes).

De Ghesnes de Bourmont (1).
D'Infreville.
Le Brun de la Brosse.
De Mesnil-Adelée.
De Miribel.
Des Nos *.
D'Osseville.
De Postel.
De Rosnay.
Du Puy-Montbrun *.
De la Trémouille * (2).

(1) La maison de Ghesnes n'est autre que la maison des comtes de Guines ou Ghisnes.

(2) Les astérisques indiquent les familles qui ont figuré aux croisades.

HISTORIENS ET GÉNÉALOGISTES.

1° Scipione Ammirato, *Delle famiglie nobile fiorentine*, *Storia Valori*. Florence, 1615.

2° Lucca della Robia, *Vie de Bartolomeo Valori*.

3° Silvano Razzi, *Vie de Francesco Valori*.

4° Ildefonso di San-Luigi, *Histoire de la maison de Rustichelli ; Delizie degli Eruditi Toscani*, tom. XVI.

5° Maria Manni, tom. XXVIII.

6° Le duc Pompeo Litta, *Maisons illustres d'Italie*.

7° Laroque, *Alliances de la royale maison de Bourbon*. 1615, Firens.

8° Moreri, dernière édition, tome IX.

9° Clérembault, *Généalogie* en parchemin dressée avec l'abbé de Pomponne, conformément à l'ordonnance royale du 16 août 1709, qui établit un conseil pour vidimer et collationner les titres concernant la maison de Valori. Cette généalogie se trouve à la bibliothèque de l'Arsenal. Paris.

10° D'Hozier, *Généalogie dressée pour Charles-Antoine-Simon comte de Valori*. Bibliothèque Richelieu.

11° Le père Anselme, *Histoire des grands officiers de la couronne*.

12° Jams Dennistons, *Memoirs of the Dukes of Urbino*, 3 vol. in-8.

13° Nostradamus, *Chronique de Provence, confirmée et approuvée par les états de Provence*.

14° Philippe Villani, *Vie de Torrigiano Rustichelli*.

15° Corbinelli, *Histoire de la maison de Gondi*.

16° Machiavel, *Histoire de Florence et discours sur Tite-Live, lettres*.

17° Zazzara, *Nobilità d'Italia*, 1 vol. in-4.

18° Tommasi, *Éloge des hommes illustres d'Italie*.

19° Sansovino, *Famiglie illustre d'Italia*, 1 vol. in-4.

20° *Lettres de Baccio Valori*.

21° *Mémoires du marquis de Valori*, ambassadeur à Berlin. Didot, 1815.

22° *Mémoires du comte de Valori*, maréchal des camps et armées du roi, faisant partie des *Mémoires relatifs à l'histoire de France*.

23° *Légende de la bienheureuse Murée*. Florence, 1624.

On peut consulter, en outre, Paul Jove, Guichardin, Jean Villani, Paolo Mini, Simonde de Sismondi, les Mémoires de Villars, de Saint-Simon, et toutes les chroniques de Provence, Bretagne et Anjou.

FIN.

ANTIQUA, JAM CLARA RESURGO !

TABLE.

www.ingramcontent.com/pod-product-compliance
Lightning Source LLC
Chambersburg PA
CBHW070903280326
41934CB00008B/1557